Pater Antony Kolencherry

# Das bist Du

Pater Antony Kolencherry

# Das bist Du

Fromm Verlag

**Imprint**



Cover image: www.ingimage.com

Publisher:
Fromm Verlag
is a trademark of
International Book Market Service Ltd., member of OmniScriptum Publishing Group
17 Meldrum Street, Beau Bassin 71504, Mauritius

Printed at: see last page
**ISBN: 978-613-8-35029-3**

INHALT

## Ein Wort Zuvor

„Wünschen Sie, recht gut das zu sein, was Sie sind!“ (DASal 6,112)*. Diesen Grundsatz des heiligen Franz von Sales (1567-1622) erläuterte er an einer anderen Stelle mit folgenden Worten: „Wir bemühen uns manchmal so sehr, gute Engel zu werden, dass wir es unterlassen, gute Männer und Frauen zu sein“ (DASal 6,40).

Wichtig ist also, dass wir das sind, was wir sind, und zwar gut! Ich möchte das mit einem Beispiel aus der indischen Philosophie verdeutlichen:
Svetaketu kam nach zwölfjährigem Studium zu seinem Vater zurück. Dieser fragte ihn: „Wie kannst du das Ungehörte hören und das Ungedachte denken?“ „Das habe ich nicht gelernt. Bitte unterweise mich in dieser Weisheit“, bat der Sohn. Da sagte der Vater: „Lege dieses Salz in Wasser und komme morgen früh wieder zur Belehrung.“
Am nächsten Tag befahl dann der Vater: „Das Salz, das du gestern Abend ins Wasser gelegt hast, das bring her.“ – Da tastete Svetaketu danach und fand es nicht. – „Schlürfe vom Rand dieses Wassers! Wie ist es?“ – „Salzig.“ – „Schlürfe von der Mitte. Wie ist es?“ – „Salzig.“ – „Schlürfe vom anderen Rand! Wie ist es?“ – „Salzig.“ Da sprach der Vater: „Wahrlich, was in diesem Wasser ist, mein Lieber, kannst du nicht greifen, aber es ist trotzdem darin. Was diese Winzigkeit ist, das ist das Selbst dieses Universums. Das ist die Wahrheit. Das ist das individuelle Selbst. Das bist du, Svetaketu“ (Chandogya-Upanishaden 6.13.1).

Das bist du. Das bedeutet, dass du im Wesen eins bist mit dem Absoluten, dem Urgrund des Seins. Du bist das Abbild Gottes. Deine „Verwandlung in Gott“ ist die Verwandlung deines Bewusstseins von Gottes unmittelbarer Gegenwart. Das ist das Ziel der Mystik, der Höhepunkt spirituellen Strebens.

Auf die Frage, was die größte Überraschung seines Lebens sei, antwortete der Dalai Lama: „Der Mensch. Denn er opfert seine Gesundheit, um möglichst viel Geld zu verdienen. Dann opfert er sein Geld, um seine Gesundheit wieder zu erlangen. Der Mensch hat immer Angst vor seiner Zukunft, sodass er die Gegenwart wirklich nicht genießen kann; folglich genießt er weder die Gegenwart noch die Zukunft! Er will nicht sterben, und dann stirbt er doch, ohne wirklich gelebt zu haben.“

Jeder Mensch ist ein Mystiker, aber wer ist sich dessen bewusst?
Die Gedanken in diesem Buch sind den „Musikalischen Andachten“ von 2008 bis 2010 in der Marienkirche von Solothurn entnommen. Ich danke Silvia Rietz, der Initiatorin der „Musikalischen Andachten“. Ich danke auch Ursula Pogoda-König für die Lektüre des Manuskripts. Jedes Thema versteht sich als eine Art mystischer Dialog mit sich selbst oder mit dem Absoluten. Ein Mystiker unserer Zeit? Das bist du!

Antony Kolencherry

-------------------------

* Die Abkürzung „DASal“ verweist auf die Deutsche Ausgabe der Werke des hl. Franz von Sales in 12 Bänden, erschienen im Franz Sales Verlag, Eichstätt, 1959-1983. Die erste Zahl bedeutet die Nummer des Bandes, die zweite Zahl die Seite.

## 1. HARMONIE DER GEGENSÄTZE

Das Ende eines Jahres sowie auch der Anfang eines neuen Jahres sind immer wieder Gelegenheiten, Bilanz zu ziehen. Persönlich, aber auch global. Und da steht es wahrlich nicht zum Besten!
Es gibt einen bekannten chinesischen Begriff: Yin und Yang. Er bedeutet so viel wie Schwarz und Weiß, Gut und Böse, Licht und Schatten. Yin und Yang sind Ausdruck der Harmonie der Gegensätze. Wir fühlen uns oft von Gegensätzen bedroht: Ost gegen West, Juden gegen Araber, Kommunisten gegen Kapitalisten usw. Die Macht der Gegensätze beeinflusst uns immer wieder.

Das vergangene Jahr war von Gegensätzen geprägt: Es gab vieles, was wir wollten, aber auch vieles, was wir nicht wollten. Trotzdem war es dein Jahr, mein Jahr. Es war so, wie es war. Ich denke, wir alle wollen Gutes tun und gut sein. Ob es uns aber gelingt, ist nicht das Wesentliche, sondern, dass wir zum Guten beitragen. Darin liegt die Dynamik des Denkens und Handelns. Lebensmut ermöglicht zu handeln. Ob das Resultat gut oder schlecht ist, das wissen wir nicht im Voraus. Der heilige Johannes Don Bosco (1815-1888) sagte einmal: „Gutes tun, fröhlich sein und die Spatzen pfeifen lassen!“

Letztlich ist das Leben ein Geheimnis. Auch das neue Jahr ist ein Geheimnis. Es ist wie eine Schachtel voller Glückslose: viele Treffer und auch viele Nieten. Doch trotz aller Fehlgriffe können wir immer wieder neu anfangen!

Das Prinzip von Yin und Yang kann uns in einen harmonischen Zustand versetzen. Sofern wir uns auf die Kräfte der Gegensätze einlassen, können wir Prozesse positiv beeinflussen. Die Verschiedenheit ermöglicht Gemeinsamkeit, Ausgeglichenheit und Harmonie.

Denken wir an den Glauben. Es gibt Menschen, die an Gott glauben. Doch beweisen, dass es Gott gibt, können sie nicht. Der Gegenpol, das sind die Atheisten. Sie behaupten, dass es keinen Gott gibt. Doch sie können auch nicht beweisen, dass es keinen Gott gibt. Die Existenz Gottes kann man weder beweisen noch ausschließen.

Das musste sogar die Sowjetunion erfahren: Juri Gagarin (1934-1968) war der erste russische Kosmonaut im Weltraum. Als er zurückkam, wurde er von seinem Regierungschef Nikita Chruschtschow (1894-1971) feierlich empfangen. In einem unbemerkten Moment zog er Gagarin beiseite und fragte ihn: „Genosse Gagarin, nun sag ganz ehrlich: Hast du da oben – du weißt, was ich meine – hast du dort Gott gesehen?“ – „Ja, Genosse Chruschtschow, ich habe IHN gesehen! Leider!“ „Schlimm!“, murmelt Chruschtschow. „Dachte ich es mir doch! Aber bitte sage es niemandem weiter.“

Etwas später kam das Oberhaupt der russisch-orthodoxen Kirche auf Gagarin zu. Auch er zog Gagarin beiseite und sagte: „Mein guter Freund, willst du Gott nicht die Ehre geben? Sag mir ganz im Vertrauen: Hast du IHN dort oben gesehen?“ – „Nein,“ sagte Gagarin, „ich habe nichts gesehen. Keine Spur!“– „Ach,“ seufzte der Kirchenmann kummervoll, „bitte, sag es niemandem weiter. Das habe ich mir schon gedacht.“
So ein Schlitzohr. Er erteilte beiden eine Lektion. Gottes Existenz kann man nämlich weder beweisen noch widerlegen. Gott ist kein Gegenstand der Erklärung, sondern der Erfahrung!

Schon der deutsche Dichterfürst Johann Wolfgang von Goethe (1749-1832) sagte: „Glaube ist die Liebe zum Unsichtbaren, Vertrauen aufs Unmögliche, Unwahrscheinliche.“ Eine Erfahrung, die gerade heute sehr wichtig ist. Die Hektik unserer Zeit raubt uns das Gefühl von Harmonie. Dies spiegelt sich in Leiden und Krankheiten wider. Dabei sehnen sich die

Menschen danach, in Einklang zu sein. Harmonie ist das natürliche Miteinander der Gegensätze, die Erfahrung der Ganzheit, sie erzeugt das Gleichgewicht.

Harmonie beginnt, wenn man alles annimmt, wie es ist. Das ist nicht immer einfach. Wer ist schon frei von negativen Gefühlen wie Wut, Eifersucht, Hass? Schließlich sind wir Menschen und keine Engel! Wir sind in das Zusammenspiel der Gegensätze hineingeboren. Was aber ist Glück anderes als jener einfache Einklang eines Wesens mit seiner Existenz?

Das alles Verbindende ist die Liebe. Sie kennt keine Grenzen, keine Gegensätze. Nur Liebe kann Gegensätze überwinden. Wie die östliche Weisheit lehrt, können beide Polaritäten, Gut und Böse, miteinander verschmolzen werden. Das Resultat: Wahrheit, Toleranz, Respekt, Liebe füreinander, Verantwortung für andere. Dies alles sind Dimensionen einer harmonischen Weltanschauung und Lebenshaltung, ein in diesem Sinne harmonisches Denken und Leben, Lieben und Handeln. Dies wünsche ich uns allen für das bereits angebrochene neue Jahr und für die vielen Jahre, die diesem folgen mögen.

## 2. SEELE DER MUSIK

Wie schafft es ein Lied, das wir singen, oder ein Klang, der uns erreicht, dass wir plötzlich aus der Enge des Alltags herausgerissen werden, dass unser Herz sich weitet und aufschwingt zum Bewusstsein seiner heiligen Würde? Welches Sinngeheimnis durchpulst die Musik, so dass sie uns den Glauben vermehrt, die Hoffnung stärkt, die Liebe entzündet?

Der französische Komponist Claude Debussy (1862-1918) sagte: „Musik beginnt da, wo die Macht der Worte endet." Das ist ein Hinweis darauf, dass die Musik das Unaussprechliche zu übermitteln vermag. Menschen aller Nationen und Religionen nahmen dies intuitiv wahr, erlebten ihre vielfältige Wirkung. Die Musik wirkt gleichermaßen auf Körper, Seele und Geist. Musik kann entspannend oder beglückend sein. Inmitten von Stress und Hektik kann Musik die Seele berühren. Die Musik kommt aus dem ganzen Menschen des Musikers, und sie spricht den ganzen Menschen des Zuhörenden an.

Es ist die Grundsorge eines Menschen in jedem Augenblick: nur ein Stäubchen zu sein, verloren in Raum und Zeit. Und dann umgibt ihn Musik. Da ist kein Ton allein, jeder gehört zu Akkorden und Melodien; sie lassen auch den geringsten Ton nicht einsam sein, sondern nehmen ihn in ihren Gesamtklang auf, wirklich ihn selber, eingeschmolzen wird er nicht! Deshalb ist die Musik der Liebe Nahrung. Denn eben das ist Liebe: Mein Ja zu dir, dein Ja zu mir, dein und mein Ja zu uns, unser Ja zu dir und mir. Solch drei-einiges Ineinander von Selbstständigkeit, Hingabe und Gemeinschaft ist Liebe. Ähnlich wie die Musik das Liebesganze für jeden Einzelton ist, so dürfen wir, die scheinbar vom Ganzen Abgeschnittenen, an Gott glauben, dessen Heil einen jeden von uns in all seinen Momenten umfasst, denn „Gott ist die Liebe“ (1 Joh 4,8).

Es gibt eine Stimme von Innen und eine Stimme von Außen. Harmonisieren sie, erleben wir dies als Einheit. Dann braucht man keine Worte, keine Erklärungen, dann gibt es nur Liebe. Die Geschichte der Frühkirche zeigt, wie die Christen ein Herz und eine Seele waren (Apg 4,32). Das bedeutet nicht, dass die Christen damals wie Engel lebten. Sie mussten auch keine Engel sein. Sie wussten, was sie waren, nämlich Nachfolger Christi. Sie wussten, dass die Liebe das Kennzeichen des Christentums ist. Das war ihre Maxime, ihr Alltag. Das versuchten sie zu leben.

Gerade die Fastenzeit gibt uns Gelegenheit, diesen elementaren Weisheiten wieder auf den Grund zu gehen. Ein Eremit betete und fastete in der Wüste. Als er Wasser aus einer Zisterne hochzog, kam eine Gruppe neugieriger Touristen und fragte: ,,Du heiliger Mann, was hat dein Fasten und Beten für einen Sinn?“ Der Mann forderte die Leute auf, in den Brunnen zu schauen, und fragte, was sie sehen. Sie bemerkten nur leicht getrübtes, bewegtes Wasser. „Wir können nichts anderes sehen als Wasser.“ Der Eremit ließ die Fremden eine Weile warten. Dann fragte er erneut: „Was seht ihr jetzt?“ Sie schauten ins inzwischen ruhig gewordene Wasser und erblickten ihr Spiegelbild. Der Eremit lächelte: „Das ist der Sinn des Fastens und Betens, man erkennt sich selbst.“ – So werden wir zu Gottes Musik: Tun wir Tag für Tag das Unsere dazu. Öffnen wir Ohren und Herzen.

## 3. JENSEITS DER EXISTENZ

Vielleicht machte uns Ostern wieder einmal bewusst, dass der Tod zum Leben gehört. Ob wir wollen oder nicht, der Tod ist eine Wirklichkeit des Lebens: Wer lebt, stirbt, wer stirbt, lebt. Geburt, Leben und Tod gehen Hand in Hand. Wie kann man als „normaler Mensch" die Auferstehung verstehen? Wenn es eine Existenz nach dem Tod gibt, wie wird sie ausschauen? - Eine komplizierte Frage, die uns beschäftigt.

Die christliche Religion spricht von der Unsterblichkeit der Seele. Der Tod ist nicht das Ende von allem, sondern Vollendung des irdischen Lebens. Der Gott der Christen ist ein Gott, der das Leben liebt und durch Jesus Christus die Ketten des Todes durchbrochen hat. Ein einzigartiges Ereignis.

Zweiundzwanzig Jahre nach dem Tod des amerikanischen Präsidenten Abraham Lincoln (1809-1865) verbreitete sich das Gerücht, dass der Sarg nicht seinen Körper enthalte. Die Regierung erlaubte, den Sarg zu öffnen. Dabei wurde festgestellt, dass es doch der Sarg von Abraham Lincoln war. Etwa vierzehn Jahre danach flammten die Vermutungen erneut auf. Auch diesmal bestätigte eine Kontrolle, dass sich im Sarg von Abraham Lincoln auch tatsächlich Lincolns Leichnam befand.

In der Weltgeschichte gab es nur einen einzigen Menschen, der von den Toten auferstand: Jesus Christus! Der Glaube an die Auferstehung ist vergleichbar mit der Sonne, die am Horizont aufgeht und uns neue Hoffnung und Freude schenkt.

Die meisten Weltreligionen verknüpfen ihren Glauben mit einem Seinszustand nach dem Tod. Das irdische Leben bietet eine Möglichkeit zur Reifung oder Bewährung. Die Hindus glauben zum Beispiel, dass die menschliche Seele bis zu deren vollkommenen Reinigung reinkarniert und weiterlebt. Die Buddhisten meinen, dass das Leben voller Leid sei und sich jeder Mensch von jeder emotionalen Bindung an die Welt und von allen Fesseln der Leidenschaft lösen soll. Ein Grundgedanke ist in allen Glaubenssätzen zu finden, so wie es die Sterbeforscherin Elisabeth Kübler-Ross (1926-2004) einmal formulierte: „Sterben ist nur ein Umziehen in ein schöneres Haus."

Wo der Tod das Ende von allem ist, bedeutet das irdische Leben alles oder nichts. Das Wunder der Auferstehung zerbricht die Macht des Todes. Man braucht sich nicht mehr krampfhaft an das Leben zu klammern. Die neue göttliche Welt überwindet Tod und Bedrängnis. Diese Erkenntnis unterscheidet Gläubige von Atheisten: Der Glaubende lebt wie jeder andere, aber er ist aus der Nacht des Todes herausgekommen. Er weiß um das Licht. Diese Hoffnung für Morgen ist auch unser Trost für Heute.

Sterben ist in der Natur nichts Schlimmes, sondern etwas Selbstverständliches. Es ist der Übergang zu neuem Leben und zu neuer Frucht. Jeden Frühling erleben wir dieses Wunder neu. Das Wissen um den Tod schließt die Verantwortung für das Leben mit ein: Nicht die Jahre des Lebens sind wichtig, sondern das Leben in den Jahren! Von beidem wünsche ich Ihnen eine große Fülle, sowie den Segen des Auferstandenen!

## 4. WÜNSCHE UND GLÜCKLICH SEIN

Das Wort „Träume“ besagt vielmehr als jene Filme, die unser Unterbewusstsein während des Schlafens produziert. Wir nennen Visionen einen Traum, große Erwartungen und Wünsche setzen wir Träumen gleich: „Ein Traum ist in Erfüllung gegangen.“
Oder wir sprechen vom Traumprinzen, von der Traumfrau, dem Traumstrand und dem Traumhaus - eine Liste, die sich beliebig fortsetzen ließe.

Die sogenannten modernen Menschen eilen ständig dem sogenannten Glück hinterher. Der Mensch ist zum Glück-Sucher geworden. Unterstützt in ihrem Bestreben werden sie von den Versprechungen der Medien und der Werbeindustrie. Auch sogenannte Ratgeber und Gurus versprechen den Suchenden Illusionen und Träume, die sich selten bis nie verwirklichen lassen. Träume können sich höchstens die Gurus mit den Beraterhonoraren erfüllen! Warten Sie auch auf das große Los, den Sechser im Lotto oder eine unverhoffte Erbschaft?

Brauchen wir dies alles, um glücklich zu sein? Warten wir nicht meistens vergeblich auf derartiges Glück und solcherart Traumerfüllung? Das Glück kann man weder machen noch kaufen, schon gar nicht erzwingen. Momente des Glücks begegnen uns jeden Tag, mitten im Alltag. Das ist Tatsache, das andere Fantasie. Das eine ist wirklich, das andere illusorisch.

Wie wird man glücklich? Vielleicht so, wie der werdende Vater auf der Entbindungsstation. Nach langem Warten verkündete die Hebamme: „Sie haben sich bestimmt einen Jungen gewünscht, es ist aber ein Mädchen." „Das macht nichts", erwiderte der Mann, „denn ich habe mir ein Mädchen gewünscht, falls es kein Junge ist."

Die Glücklichen haben die Kunst gelernt, im Hier und Jetzt zu leben und mit den Mitmenschen in Beziehung zu treten. Gerade in unserem Zeitalter des Individualismus sind Freundschaft, Kollegialität, Liebe und Zusammenarbeit die besten Garanten, um glücklich zu sein. Auf die Frage, was der kürzeste Weg zur Freundschaft ist, lautet die beste Antwort: „ein Lächeln!"

In den 1960-er Jahren besuchte ein reicher Hollywood-Star die selige Mutter Teresa (1910-1997). Sie beobachtete, wie diese Ordensfrau die grässlichen Wunden eines Leprakranken reinigte und verband. Die Schauspielerin sagte: „Ich bewundere Sie, ich würde das nicht für eine Million Dollar tun können." „Ich auch nicht", antwortete Mutter Teresa spontan. Sie diente den Kranken nämlich nicht für Geld, sondern um der Liebe Christi willen.

Liebe, Glück und Erfolg wird einem geschenkt. Das lässt sich weder programmieren, im Internet bestellen, noch sonst wie beschaffen. Es funktioniert eher so, wie der geniale Physiker Albert Einstein (1879-1955) die Initialzündung zur Relativitätstheorie im Traum erhielt. Wie man seiner Biografie entnehmen kann, soll Einstein in späteren Jahren behauptet haben, dass sein ganzes kreatives und wissenschaftliches Schaffen durch einen Traum motiviert wurde. Von ihm ist der Ausspruch überliefert: „Träume sind wichtiger als Wissen, denn Wissen ist beschränkt." Dem kann ich nur hinzufügen: Und glauben ist das Wichtigste. Denn der Glaube befreit die Seele und den Geist von allen Beschränkungen.

## 5. AUS DER HOFFNUNG LEBEN

Im Garten duftet der Flieder, Erdbeeren reifen, Rosen recken ihre Blüten: es ist Frühsommer! Die Natur zeigt sich uns in ihrer ganzen Pracht, wir sind umgeben von Hoffnung und Freude. Der Frühsommer öffnet nicht nur die Knospen, sondern auch die Herzen. Frühling und Sommeranfang sind auch die Zeit der Erwartungen und der Hoffnung. Ja, und dort, wo die Hoffnung blüht, da wartet eine Zukunft. Hoffnung ist ein Lebenselixier. Hoffnung kann retten, verändern, tragen und stützen.

Wie die Frau, die im März 1988 an einer schweren Form von „akuter Leukämie“ erkrankte. Dank Chemotherapie wurde die Krankheit stabilisiert, doch im November 1988 erlitt sie einen schweren Rückfall. Diagnose: Hoffnungslos! Zwei Monate später erhielt sie eine Knochenmarkspende. Trotz schwerer Lebenskrise wollte die Patientin nicht aufgeben. Im Gegenteil! Am Gründonnerstag fing sie an zu beten: „Herr Jesus Christus, wenn du mir noch weitere Jahre schenkst und ich leben darf, so will ich darüber sprechen und es weitererzählen.“ Ihr Gebet wurde erhört. Wie durch ein Wunder wurde sie geheilt.

Ja, selbst die moderne Wissenschaft hat bewiesen, dass Menschen, die glauben und hoffen, schneller genesen als solche, die in einer Existenz ohne Glauben leben. Gläubige Menschen werden öfter und schneller geheilt ... ein Phänomen?! Im „Hohelied der Liebe“ des ersten Korintherbriefs nennt Paulus Glaube, Hoffnung und Liebe. Diese drei werden bleiben (1 Kor 13,13).

Der Glaube garantiert weder ein glückliches noch ein sorgenfreies Leben. Glaube kann man auch nicht in die Tasche stecken, wie den Schlüssel zum neuen Auto. Trotzdem ist das Vertrauen zu Jesus Christus der Schlüssel zu einem neuen Leben. Aus dem Glauben erwächst die Hoffnung.

Wenn man Geld verliert, so hat man eigentlich wenig verloren. Zumindest dann nicht, wenn man es mit dem Verlust der Gesundheit vergleicht. Das Schlimmste aber ist, wenn jemand die Hoffnung verliert. Dann verliert er alles. Manchmal hilft sogar Meister Zufall mit, dass man im richtigen Augenblick ein Zeichen der Hoffnung bekommt.

In die psychiatrische Klinik eines sehr bekannten Psychiatrieprofessors kommt an einem Freitagabend, nach einer harten Arbeitswoche und lange nach dem offiziellen Dienstschluss ein bekannter Politiker wegen einer akuten Krise. Eigentlich ist der Professor schon am Gehen; als der Politiker jedoch mitbekommt, dass er noch im Hause ist, besteht er darauf, vom „Chef“ persönlich aufgenommen zu werden. Trotz großer Erschöpfung führt der Professor das Aufnahmegespräch selbst. Jedoch hat die Müdigkeit Folgen: Mitten im Gespräch nickt er für einige Sekunden ein. Natürlich ist ihm dies äußerst peinlich, und als analytisch geschulter Therapeut macht er sich das Wochenende lang Gedanken darüber, welche Auswirkungen dieses Einschlafen auf die therapeutischen Beziehungen haben könnte. Am folgenden Montag macht der Professor eine überraschende Feststellung: Der Patient ist nicht mehr da! Bereits am

Samstag früh ließ er sich auf eigene Verantwortung entlassen und zwar mit den Worten: „Wissen Sie, als ich sah, wie dieser erfahrene Arzt, der schon so viele Patientengeschichten gehört hat, bei meiner Geschichte gelangweilt eingeschlafen ist, da dachte ich mir, so schlecht kann es um mich nicht bestellt sein."

Das nennt man Hoffnung! Manchmal wollen wir die Umstände ändern, statt zu versuchen, uns und unsere Sicht auf die Dinge zu verändern. Oft hilft eine neue Einstellung, eine Situation so zu akzeptieren, wie sie ist. Denn Hoffnung erzeugt positive Gefühle; diese wiederum mobilisieren die Selbstheilungskräfte des Körpers und stärken das Immunsystem. Negative Gefühle wie Ärger, Ablehnung oder Hass hingegen engen unser Blickfeld ein, rauben und blockieren die Energie. Hoffnung ist heilend und stärkend. Das Gute daran ist außerdem, dass wir sie anwenden dürfen, ohne unerwünschte Nebenwirkungen fürchten zu müssen.

Die Hoffnung aufgeben bedeutet, nach der Gegenwart auch die Zukunft preiszugeben. Vielleicht sind in der Geschichte diejenigen Menschen die größten und einflussreichsten, die anderen Menschen Hoffnung geben konnten: der indische Pazifist Mahatma Gandhi (1869-1948), die selige Mutter Teresa, der amerikanische Bürgerrechtler Martin Luther King (1929-1968) und viele mehr. Oder denken wir an Frère Roger Schutz (1915-2005). Der Gründer und 2005 von einer psychisch kranken Frau getötete Prior der ökumenischen Bruderschaft von Taizè sagte einmal: „Die Quelle der Hoffnung liegt in Gott, der nur lieben kann und uns unermüdlich sucht. Wenn wir unsere Hoffnung auf ihn setzen, dann gründet sich unser Leben auf unzerstörbarem Boden."

Das Symbol der christlichen Hoffnung ist das Licht. Das Licht bedeutet nicht, dass es keine Nacht mehr gibt, aber es bedeutet, dass die Nacht erhellt und überwunden werden kann.
Das wünsche ich uns allen!

## 6. DIE HIMMELFAHRT – FEST DER HOFFNUNG

Wer ist wohl die berühmteste Frau der Weltgeschichte? Die Sängerin Madonna (*1958)? Oder vielleicht die verstorbene englische Prinzessin Lady Diana Spencer (1961-1997)? Sie vermuten, es sei die amerikanische Außenministerin Hillary Clinton (*1947) oder die amerikanische Präsidentengattin Michelle Obama (*1964) ...?

Weit gefehlt! Die berühmteste Frau aller Zeiten ist Maria – auch Muttergottes, heilige Jungfrau, Himmelskönigin genannt. Sie gebar nicht nur den Sohn Gottes, sondern inspiriert die Menschen bis heute, 2000 Jahre nach ihrem Tod: Komponisten lobpreisen sie in Marienliedern. Künstler schaffen Madonnenbilder- und -statuen. Diese einfache Frau eines Zimmermanns ist überall gegenwärtig und heute noch Vorbild für viele.

Im August feiern wir jedes Jahr das Fest Maria Himmelfahrt. Der Apostel Paulus schrieb einmal: „Ich bin gewiss: Weder Tod noch Leben, weder Engel noch Mächte, weder Gegenwärtiges noch Zukünftiges, weder Gewalten der Höhe oder Tiefe noch irgendeine andere Kreatur können uns scheiden von der Liebe Gottes, die in Christus Jesus ist, unserem Herrn" (Röm 8,38-39). Seine Botschaft der Hoffnung beinhaltet genau das, was Maria erfahren hat: die Nähe und die Liebe Gottes in vollkommener Weise.

Das Wort „Himmel" erinnert mich an etwas Lustiges. Es war einmal ein Paar, das im Himmel heiraten wollte. Sie gingen zu Petrus und baten ihn, die Heirat zu organisieren. Petrus antwortete: „Kein Problem, wartet hier! Ich hole euch so schnell wie möglich." Ein Jahr ging vorbei, ohne dass sich Petrus blicken ließ. Das Paar ging zu ihm. Petrus meinte nur: „Keine Sorge, ich habe euch nicht vergessen. Ich komme so schnell wie möglich." So vergingen ganze vierzehn Jahre. Als Petrus dann endlich auftauchte, fragte das Paar, warum es denn so lange aufs Heiraten hatte warten müssen. Zerknirscht gab Petrus zu: „Wisst ihr, erstmals seit vierzehn Jahren ist heute ein Priester in den Himmel gekommen ...!"
In gewissem Sinne sind wir alle neugierig, was sich dort abspielt und wie der Himmel beschaffen ist. Die Himmelfahrt Mariens gibt uns eine Ahnung davon. Die Himmelfahrt Mariens wird zwar in der Bibel nicht beschrieben, aber sie hat eine wunderbare Botschaft für uns: Es gibt keinen Himmel ohne Erde und keine Erde ohne den Himmel, solange der Mensch seinen Boden auf Erden hat.

Nach der biblischen Philosophie ist der Mensch ein ganzheitliches Wesen, das heißt, ein Kompositum von Leib und Seele. Und die jüdisch-christliche Tradition besagt, dass der Mensch als ganzheitliches Wesen mit Leib und Seele auferstehen wird. Es ist letztlich ein Geheimnis des Glaubens, und das Fest erinnert uns an Marias Nähe bei Gott, wo der Mensch als solcher gänzlich bei Gott sein wird.

Vor ein paar Jahren wurde im Vatikan ein Musical aufgeführt, das die Geschichte von Maria als die Tochter, Ehefrau und Mutter erzählt, ohne die Heilige Schrift zu verfälschen. Das Stück versuchte, Maria als „ideale Brücke zwischen gestern, heute und immer" zu zeigen. Eben „als eine Geschichte, die weitergeht." Stefano De Fiores (1933-2012), ein international anerkannter italienischer Theologe für Mariologie, meinte dazu: „Maria ist tatsächlich die berühmteste Frau der Geschichte ... Sie bereicherte mit ihrer Person nicht nur die Kunst, sondern sie inspirierte unglaublich viele Menschen ... als eine sehr lebendige, von den Menschen viel geliebte Gestalt", „als eine Frau, die Sorgen, Leiden und Hoffnungen so vieler Frauen auf der ganzen Welt teilt, besonders in der katholischen, aber auch in der muslimischen Welt, wo sie als Maryam im Koran vorkommt."

So gesehen ist Maria ein zentraler „Begegnungspunkt", eine wichtige Bezugsperson aller Religionen, denn Maria stellt nicht nur einen Punkt in der spirituellen Geschichte Israels dar, sondern auch in der Weltgeschichte.

Nicht zuletzt ist Maria Himmelfahrt auch ein Frauenfest. Denn es wird die Rolle der Frau in der Gesellschaft von damals und von heute erklärt. Anders als einige der heutigen Kirchenoberen pflegte Jesus einen ungezwungenen Umgang mit Frauen. Er schätzte sie als gleichwertig und verletzte damit ein Tabu der damaligen patriarchalen Gesellschaft. Denn seine Mutter und seine Jüngerinnen und Freundinnen lebten vor, wie starke Frauen das Leben meistern: das irdische, das spirituelle und eben auch das himmlische.

## 7. WER IST DER WICHTIGSTE MENSCH DER WELTGESCHICHTE?

Im vorigen Kapitel stellten wir uns die Frage, wer die wichtigste Frau in der Weltgeschichte sei. Nun frage ich: „Wer ist der wichtigste Mensch in der Weltgeschichte?"
Da bin ich nicht der einzige ... Ein König dachte viel über sich und sein Reich nach. In seinem Wissenseifer rief er die gelehrtesten und weisesten Männer des Landes zusammen und stellte ihnen drei Fragen:

- Wer ist der wichtigste Mensch auf dieser Welt?
- Welches ist der wichtigste Ort auf dieser Welt?
- Wann ist die wichtigste Zeit?

Diejenigen, die dem König schmeicheln wollten, meinten, der König sei die wichtigste Person, sein Palast der wichtigste Ort und seine glorreiche Zukunft die wichtigste Zeit. Einige meinten, es sei der Papst, Rom und seine beeindruckende Geschichte. So kamen viele Meinungen und Äußerungen zusammen, so dass sie sich bald darüber zerstritten.

Da wandte sich der König an den Hofnarren und fragte diesen, was er zu sagen habe. „Ja, Majestät", sagte der Narr, „das ist doch ganz einfach! Der wichtigste Mensch ist immer derjenige, der dir gerade gegenüber steht, denn mit diesem kannst du wirklich kommunizieren. Der wichtigste Ort für dich auf dieser Welt ist immer gerade der Ort, wo du dich befindest. Die wichtigste Zeit für dich ist immer die Gegenwart, denn die Vergangenheit kannst du nicht mehr beeinflussen, aber jetzt kannst du handeln."

Eine wunderbare Antwort! Trotzdem: Ein gläubiger Christ wird spontan sagen: Der wichtigste Mensch ist Jesus Christus, der Mensch gewordene Sohn Gottes, der größte Revolutionär der ganzen Weltgeschichte. Auch Jesus wurden unzählige Fragen gestellt. Einmal fragte ein Gesetzeslehrer: „Meister, was muss ich tun, um das ewige Leben zu gewinnen? Jesus sagte zu ihm: Was steht im Gesetz? Was liest du dort? Er antwortete: Du sollst den Herrn, deinen Gott, lieben mit ganzem Herzen und ganzer Seele, mit all deiner Kraft und all deinen Gedanken, und: Deinen Nächsten sollst du lieben wie dich selbst" (Lk 10,25-27). Dann kam die zweite Frage: „Wer ist mein Nächster?" Jesus nahm diese Frage sehr ernst und antwortete mit einem Gleichnis (vgl. Lk 10,30-37):
Ein Mensch ging hinab von Jerusalem nach Jericho und fiel unter die Räuber. Diese plünderten ihn aus und schlugen ihn zusammen, machten sich davon und ließen ihn halbtot liegen. Die Fortsetzung ist bekannt. Ein Priester kam des Weges: „Er sah ihn und ging vorüber". Ein Levit kam, ein Helfer der Priester beim Tempeldienst: „Er sah ihn und ging vorüber". Jesu Gleichnis ist ganz klar: Das Verhalten des Priesters und des Leviten ist unentschuldbar. Gerade diejenigen, die als moralische Instanz galten, versagten elendiglich. Aber es gab auch noch den dritten Mann. Nach der Logik der Erzählung erwartet man einen einfachen Juden. Aber Jesus lässt einen Samariter kommen. Das war eine Provokation.

Ausgerechnet ein Mann ohne Ruf und Ansehen in der Gesellschaft tat, was getan werden musste. Er hatte Mitleid und ging zu ihm und rettete sein Leben. Er tat, was für das ewige Leben entscheidend ist: die Gottes- und Nächstenliebe. Sie führt zum Leben. Der Nächste ist sichtbar, hörbar, fühlbar – in guten wie in schlechten Tagen. Ihn zu lieben, ist nicht nur am wichtigsten, sondern auch am schwierigsten.

Das Gleichnis vom barmherzigen Samariter zeigt uns, wie Jesus den Menschen versteht. Er lehrte ein Ethos des Mitleids für Menschen, die Not leiden, die uns brauchen. Die vielen karitativen Einrichtungen, Krankenhäuser und Pflegedienste sind Erben des Christentums; inspiriert von Jesus von Nazaret. Gottesliebe und Nächstenliebe gehören zusammen – untrennbar wie die zwei Seiten der gleichen Münze. Eine gibt es nicht ohne die andere.

Ein Freund schreibt mir immer wieder einmal die Worte: „Schön, dass es dich gibt!" Schön, dass es dich gibt, dich, der du vor mir stehst, hier und jetzt. In jedem Menschen, der vor oder bei mir ist, spiegelt sich eine höhere Macht. Wir hören es nur nicht, wir nehmen es nicht wahr. Vergessen wir nicht, der wichtigste Mensch in meinem Leben ist immer der, mit dem ich gerade spreche. Jeder Mensch ist eine Welt für sich, jeder ist wichtig, jeder ist Teil des Ganzen, jeder ist Abglanz Jesu Christi. Wenn wir Gottes Abglanz in jedem Menschen erblicken dürfen, ist jeder Mensch wichtig. Und der wichtigste Mensch? Das bist du – das seid ihr alle!

## 8. AUS ERFAHRUNGEN LERNEN

Würden Sie meinem Freund Recht geben, der kürzlich sagte: „Alle Menschen sind klug, die einen vor der Erfahrung, die anderen nachher." Ich antwortete darauf spontan: „Aber einige werden vor und nach der Erfahrung klüger!" Dabei dachte ich an den chinesischen Philosophen Konfuzius (551-479 v. Chr.), der sagte: „Der Mensch hat dreierlei Wege, klug zu handeln: erstens durch Nachdenken, das ist der edelste, zweitens durch Nachahmen, das ist der leichteste, und drittens durch Erfahrung, das ist der bitterste Weg."

Doch auch der nachhaltigste. Eine Erfahrung kann nicht nur zu neuen Erkenntnissen, also Wissen führen, sondern auch bestehende Ansichten einfach bestätigen. In beiden Fällen lernten wir etwas. Von daher kommt auch der Spruch: „Erfahrung ist der beste Lehrmeister!"

Dies wusste schon Mahatma Gandhi. Als eine Mutter einmal klagte, ihr Sohn sei süchtig nach Süßem und sie wisse nicht mehr, was sie dagegen machen solle, erklärte ihr Gandhi, sie solle in zwei Wochen wiederkommen. Als sie nach vierzehn Tagen wiederkam, meinte er: „Sagen Sie Ihrem Sohn, er darf keine Süßigkeiten mehr essen.“ „Das hätten Sie auch schon vor zwei Wochen sagen können“, reagierte sie erstaunt. „Nein“, lächelte Gandhi. „Wissen Sie, auch ich bin süchtig nach Süßigkeiten. Während der letzten zwei Wochen beherrschte ich mich jedoch und aß keine mehr. Ich will nicht predigen und raten, was ich nicht selber praktiziere und erfahre!“

Von allen Erfahrungen ist aber jene der Liebe die schönste und wertvollste; doch auch die schwierigste. Liebe ist Vertrauen - auch in den dunklen Stunden. Liebe ist Vergeben - ohne Bedingung und Ansprüche. Liebe befiehlt nicht. Wo es die Liebe gibt, da gibt es keine Streiterei, Ehrsucht und Habsucht. Die Erfahrung lehrt uns, dass Liebe nicht darin besteht, dass man einander verliebt in die Augen schaut, sondern dass man in die gleiche Richtung blickt. Dies erkannte der französische Schriftsteller Antoine de Saint-Exupèry (1900-1944) in seinem Buch „Der kleine Prinz“. Der heilige Franz von Sales meinte: „Wir bemühen uns manchmal so sehr, gute Engel zu werden, dass wir es unterlassen, gute Männer und Frauen zu sein“ (DASal 6,40).

Das Verstehen der Mitmenschen und die Erkenntnis des eigenen Selbst können nur auf dem Fundament des Liebenkönnens gedeihen. Denn die Liebe verkörpert philosophisch und wissenschaftlich immer noch eines der großen Rätsel der menschlichen Existenz. Ein Rätsel, dessen Antwort man nur in der Religion, im Glauben finden kann.

Von Mensch zu Mensch bedeuten Lieben und Erkennen etwas Identisches. Man kann den Menschen nur begreifen, sofern man seine eigene Liebesfähigkeit steigert. Außerdem versteht sich der Mensch selbst besser, wenn er in seinem Dasein die Liebe lebt und liebevoll agiert. Allerdings sind wir uns im Klaren darüber, dass das Verstehen unter Menschen nicht nur aus einem Verhältnis zwischen Ich und Du besteht, sondern stets auch im Raum einer Kulturwelt stattfindet. Mögen die sozialen und politischen Strukturen auch verschieden sein, die „Instrumente“ der Liebe sind universell und ihre Erfahrungen sind die wertvollsten! Die Weisheit eines Menschen misst man ja nicht an seiner Erfahrung, sondern an der Fähigkeit, Erfahrungen zu machen.

Manchmal müssen wir aufpassen, dass wir unsere Liebe zu Gott und damit unsere Liebe zu den Mitmenschen und auch zu uns selbst und zu allen Dingen nicht kleiner werden lassen. Dadurch machen wir sie unwirksam und passen sie unseren Grenzen und Engen an. In diesem Sinn möchte ich den Themenkreis Erfahrungen, Klugheit und Liebe mit einer kleinen Geschichte beenden und verdeutlichen:

Zwei Freunde wanderten in der Wüste. Plötzlich waren sie unterschiedlicher Meinung. Im Streit verpasste einer dem anderen eine Ohrfeige. Dieser nahm die Ohrfeige schweigend hin, schrieb jedoch in den Sand: ,,Heute gab mir mein bester Freund eine Ohrfeige." Sie liefen weiter, beruhigten sich wieder und kamen zu einer Oase. Derjenige, der die Ohrfeige bekommen hatte, wäre an der Wasserstelle ertrunken, hätte ihn sein Freund nicht gerettet. Nachdem der Gerettete sich erholt hatte, schrieb er auf einen Stein: „Heute rettete mir mein bester Freund das Leben." – „Warum schreibst du jetzt auf einen Stein und, als ich dich kränkte, in den Sand?", wurde er gefragt. Sein Freund erwiderte: „Wenn jemand uns verletzt, müssen wir in den Sand schreiben, wo die Winde der Vergebung es tilgen können. Wenn uns jemand aber etwas Gutes tut, müssen wir es in den Stein einmeißeln, damit kein Wind es ausradieren kann."

Liebe Freunde, ich wünsche uns allen viele Steine. Nein, nicht solche, die uns im Weg liegen und uns zu Umwegen zwingen, sondern Steine, in die wir viele Erfahrungen der Freundschaft und der Liebe einmeißeln dürfen. Steine, die uns aus Erfahrung klüger werden lassen.

## 9. OPTIMISMUS

Im trüben November steigen oft tiefsinnige Gedanken auf. Ist das Leben wirklich lebenswert? Wer lebt das Leben in Fülle? Was verheißt die Zukunft? Dabei: Das Leben ist schön, ist wertvoller als aller Reichtum der Welt! Mit einer positiven, optimistischen Lebenseinstellung gewinnt das Leben an Qualität. Denken wir an die Wirtschaftslage. Überall Verunsicherung, Zweifel und negative Zukunftsprognosen. Die durch Gier einzelner mitverursachte Rezession bringt Arbeitsplatzverluste und Existenzängste mit sich.

Da fällt es oft schwer, den Lebensmut nicht zu verlieren. Warum sind manche Menschen eher optimistisch, andere dagegen eher pessimistisch? Der amerikanische Psychologe Martin Seligman (*1942) forschte diesbezüglich jahrelang und gelangte zur Erkenntnis: „Optimismus kann man lernen."

Die Optimisten unterscheiden sich von den Pessimisten dadurch, dass sie für beliebige Situationen des Lebens beliebige positive Erklärungen oder auch Rechtfertigungen finden. So betrachten sie ein bestimmtes Lebensschicksal nicht als für immer gegeben, sondern als veränderbar – zum Guten, während die Pessimisten die Ursachen für unangenehme Ereignisse für dauerhaft und bleibend halten. Die Optimisten finden immer eine Lösung, während die Pessimisten nur die Probleme sehen. Die kleine Geschichte vom unzufriedenen Matrosen zeigt, was ich damit meine. Der Kapitän wurde von einem nicht nur faulen, sondern äußerst kritischen Mitarbeiter genervt, der an allem etwas auszusetzen hatte. Als er wieder einmal den Frieden störte, befahl der Kapitän einem Untergebenen: „Wirf den Kerl ins Meer!“ Mitten im Meer kämpfte der Querulant verzweifelt um sein Leben. Dann meinte der Kapitän: „Hol ihn wieder an Bord!“

Kaum zurück auf dem Schiff, gehörte er fortan zu den zufriedensten Matrosen der Besatzung. Der Kapitän erklärte seiner Mannschaft: „Erst wenn wir Schlimmes überstehen, realisieren wir, wie gut es uns gegangen ist, und wie gut es uns eigentlich geht!“ Also ist Optimismus letztlich eine Geisteshaltung. Wie aber entsteht sie?

Weder Optimismus noch Pessimismus sind angeborene Eigenschaften. Wir lernen aufgrund bestimmter Erlebnisse und durch den Einfluss von Eltern, Vorgesetzten oder Freunden eine optimistische oder pessimistische Weltanschauung zu pflegen. Diese Einstellung ist tief in uns verwurzelt und manifestiert sich in bestimmten Situationen als Reaktion. Optimistische Menschen wissen, es liegt in ihrer Hand, das Leben positiv zu beeinflussen. Sie haben Selbstvertrauen! Die Pessimisten fühlen sich hilflos und machtlos; den Umständen ausgeliefert. Sie sind davon überzeugt, dass etwas Schlimmes passieren wird.

Der Optimist ist hoffnungsvoll, leistungsfähig, er nimmt die Dinge nicht so tragisch, auch wenn sie so scheinen mögen. Er findet schon eine Lösung. Optimisten sehen immer eine Chance. Was wir heute am nötigsten brauchen, ist eine bessere Lebensqualität. Oft habe ich das Gefühl, dass wir mehr daran interessiert sind, die Dauer des Lebens zu erhöhen als die Qualität des Lebens.

Einmal kam ein heiliger Mann zu Buddha und fragte: „Wie alt willst du werden? Sogar eine Million Jahre werden dir gewährt, falls du dies wünschst.“ Buddha antwortete sofort: „Acht Jahre!“ Später fragten seine

Schüler: ,,Warum hast du dir nur acht Jahre gewünscht und nicht eine Million! Mit einem langen Leben hättest du den kommenden Generationen viel Gutes tun können.“

Buddha erwiderte: „Wenn ich eine Million Jahre wünschen würde, wären die Menschen nur daran interessiert, ihr Leben zu verlängern, anstatt nach Weisheit zu streben.“

Spirituelles Leben ist Leben in Fülle. Es bedeutet, voll und ganz hier und im Jetzt zu sein. Spirituelles Leben ermöglicht uns, auch Einschränkungen positiv zu schätzen. Genauso wie wir die Gesundheit nach überstandener Krankheit mehr schätzen. Spiritualität ermöglicht uns, die kleinen Dinge zu genießen, durch Hoffnung und Vertrauen das Leben lebenswert zu gestalten. Es lohnt sich also, ein Optimist zu sein!

Optimismus ist eine wunderbare Tugend. Zum Schluss eine kleine Anekdote eines großen Optimisten, des Kirchenlehrers und Ordensgründers Franz von Sales: Sein Bruder Jean-François, der spätere Nachfolger des Bischofs Franz von Sales, war ein nörglerischer und gelegentlich pessimistischer Mensch. Deprimiert klagte er einmal: „Ich habe in meinem ganzen Leben niemanden glücklich gemacht.“ Franz von Sales lächelte verschmitzt und antwortete: „Doch! Zumindest eine Person hast du glücklich gemacht, nämlich die Frau, die du nicht geheiratet hast.“

## 10. GRENZEN ÜBERSCHREITEN

Das Geheimnis von Weihnachten ist auch das Geheimnis des Lebens. Die Weihnachtsgeschichte zeigt, dass Gott einen ganz anderen Weg gegangen ist, als den, den alle von ihm erwartet hatten. Wer kann es begreifen, dass Gott Mensch wird und wie jedes Kind gehen und sprechen lernen muss? Und kaum geboren, ist sein Leben auch schon wieder bedroht und Elend, Gewalt, Hass und Feindseligkeit ausgesetzt!

Nie hat ein Mensch größere Grenzen überschritten als Jesus. Auch dies ist eine der Weihnachtsbotschaften: Gott kann Grenzen überschreiten. Er kann Mensch werden, sogar in armen und einfachsten Verhältnissen, im Gegensatz zu den Palästen all der Mächtigen dieser Welt, weil Gott die Menschen liebt und die Liebe die treibende Kraft ist, die ihn zur menschlichen Beziehung drängt. Die Weihnachtsbotschaft heißt: „Ich verkünde euch eine große Freude, ... heute ist euch der Retter geboren“

(Lk 2,10). So feiern Menschen auf der ganzen Erde Weihnachten, das Fest der Freude und der Hoffnung.

In manchen Wohnungen aber herrscht selbst an Weihnachten Streit und Hass. Unglückliche Ehepartner und verstörte Kinder, Einsame und Kranke, Verstoßene und Verzweifelte – sie alle sind an Weihnachten unter uns. Millionen von Menschen sind Opfer von Gewalt, Krieg und Katastrophen. Zweitausend Jahre nach der Geburt Jesu müssen wir uns fragen, ob wir wie Er die Personifizierung der Liebe, Freude, Geduld, Freundlichkeit, Güte und Treue sind. Kümmere ich mich um meine Nächsten, helfe ich den Schwächeren?

Einst beklagte sich ein reicher Mann bei einem Freund: „Die Menschen mögen mich nicht, sie nennen mich geizig und habsüchtig; dabei verfügte ich doch in meinem Testament, dass mein ganzes Vermögen einst einer wohltätigen Institution gehören soll." Der Freund antwortete ihm: „Ich will dir die Geschichte vom Schaf und vom Schwein erzählen. Das Schwein kam zum Schaf und jammerte: ‚Die Menschen sprechen immer nur über deine Freundlichkeit. Zugegeben: Du gibst Wolle. Doch von mir haben sie viel mehr: Schinken, Speck, Borsten. Und selbst meine Füße verspeisen sie. Und doch hat mich niemand gern. Für alle bin ich bloß das Schwein. Warum eigentlich?' Das Schaf dachte einen Augenblick lang nach, dann antwortete es: ‚Vielleicht liegt das daran, weil ich gebe, während ich lebe. Du aber gibst erst dann, wenn du tot bist.'"

Beim Stichwort „Schenken" kommt mir folgende Anekdote in den Sinn, die nicht nur zum Schmunzeln, sondern auch zum Nachdenken anregt: Ein Professor war bei einem reichen Bankier zum Essen eingeladen. Plötzlich verschluckte sich der Gastgeber und eine Fischgräte blieb ihm im Hals stecken. Er drohte zu ersticken. Der Professor holte die Gräte heraus. Da meinte der Bankier: „Das war eine Behandlung und ist selbstverständlich honorarpflichtig. Was bin ich ihnen schuldig?" – „Ach, wissen Sie", lächelte der Professor, „wenn sie darauf bestehen, so geben sie mir einen kleinen Teil von dem, was Sie mir geben wollten, als Sie die Gräte noch im Hals stecken hatten."

Vielleicht sollten wir uns gerade zu Weihnachten weniger Gedanken über das spezielle „Schenken", als vielmehr über das tägliche „Geben" machen. Sich für andere einsetzen, bringt mehr Wert, mehr Sinn, mehr „Gemein-Nutzen" und mehr Zufriedenheit in die Familie, in die Gemeinschaft, in die Welt. Dort, wo es ein Miteinander und ein Füreinander gibt, da entsteht eine menschliche und lebenswerte Welt. Dazu gehört auch die Erkenntnis, dass mit „warmen“ Händen geben mehr Segen bringt, als mit „kalten“, toten Händen zu schenken. Eine Volksweisheit sagt: „Das letzte Hemd hat keine Taschen.“ Wenn wir schon jetzt unsere Hände und Herzen öffnen, so hören wir mit lebendigen Ohren Menschen sagen: „Wie gut, dass es dich gibt!“

Zum Schluss eine kleine Weisheit zum Wesen des „Gutseins“:
Ein Mönch begegnete einem Menschen, der ihm erzählte, wie gut er sei. Den Armen gebe er einen Teil seiner Güter. Er setze sich für die Gefangenen ein. Und die Kranken besuche er zweimal in der Woche. Der Mönch hörte ihm zu und sagte: „Gut bist du! Doch gehe hin und frage deine Frau, was sie von dir hält, deine Kinder, was sie über dich denken, deine Verwandten, was sie von dir erwarten, deine Nachbarn, was sie untereinander über dich reden, dann komm zurück und sage mir, wie gut du bist.“

Ich wünsche uns allen, dass wir zu Weihnachten - und während des ganzen Jahres - viele positive Reaktionen auf unser ganz persönliches Menschsein bekommen.

## 11. IM EINKLANG SEIN

Die Hektik unserer Zeit raubt uns das Gefühl der Harmonie. Man erkennt es an verschiedenen Leiden und Krankheiten. Darum gibt es ein natürliches Sehnen nach In-Einklang-Sein. Harmonie ist das natürliche Miteinander der Gegensätze, die Erfahrung der Ganzheit erzeugt Gleichgewicht.

Auch die Musik lässt uns eine wunderbare Harmonie erfahren. Harmonie beginnt dort, wo man alles in sich annimmt, so wie es ist. Es ist natürlich schwer, denn die negativen Seiten des Lebens sind es, die wir am meisten ausmerzen wollen.

Wer von uns aber ist schon frei von Wut, Eifersucht, Hass? Und wir wollen doch davon frei sein. Denken wir dabei, dass wir Menschen sind und keine Engel! Wir sind hineingezogen in das Zusammenspiel der Gegensätze.

Denken wir zum Beispiel an Geld. Ist es gut oder schlecht? Geld macht vieles möglich, aber nicht alles. Geld ist ein guter Diener, aber ein schlechter Meister. Sind die Reichen schlechter als die Armen? Vor einiger Zeit sagte einer: „Die Sünde der Armen ist der Neid. Die Sünde der Reichen ist die Gier.“ Beides zerstört. Beides nimmt dem Menschen die Freude und Harmonie. Darum ist es die Aufgabe des Menschen, stets Herr über das Gute und Böse zu sein und Gedanken der Harmonie zu säen. Die Liebe kennt keine Grenzen, keine Gegensätze. Nur Liebe kann die Gegensätze überwinden. Wie uns die östliche Weisheit lehrt, können beide Polaritäten, Gut und Böse, miteinander verschmolzen werden. Das ergibt Wahrheit, das Ganze. Toleranz, Respekt, Liebe zueinander, Verantwortung für andere – das sind Dimensionen einer harmonischen Weltanschauung.

Der Mensch ist ein denkendes Tier. Er denkt sich nicht nur seine inneren Widersprüche als Last, er besitzt auch die Fähigkeit, sie zu ertragen. Dieses Bewusstsein macht sein Leben einfacher und komplizierter zugleich. Der Mensch kann nicht nur denken, sondern auch glauben. Diese Weltanschauung, in der er die Gegensätze verbindet, um im Glauben seine Weltanschauung erträglich zu machen, ermöglicht ihm ein harmonisches Denken und Leben. Das ist mein Wunsch an uns alle.

## 12. WO GIBT ES DIE WAHRE FREIHEIT?

Ich kenne viele Menschen, die beim Arzt waren und dort die Bemerkung hören mussten: „Ich muss die Befunde in die Fachstelle senden, in einer Woche werden wir dann das Ergebnis haben, ob alles in Ordnung ist oder eine Geschwulst vorliegt.“ Diese eine Woche kann natürlich quälend lang sein, ein Bangen zwischen Hoffnung und Verzweiflung. Dann teilt der Arzt mit: „Es ist alles in Ordnung!“ Diese Nachricht klingt gut, wie Musik in den Ohren. Wenn Ihnen selbst so eine gute Nachricht mitgeteilt wurde, dann erfuhren sie auch die Freude und Begeisterung.

Wenn wir etwas Frohes erfahren, macht es uns nicht nur Freude, sondern auch Mut. Das ist genau das, was die Jünger Jesu erlebt haben, als sie wussten, dass Jesus lebt.

Die Gotteserfahrung, die Erfahrung der Tiefe, erfüllt den Menschen mit beständiger Fröhlichkeit, Heiterkeit und innerem Frieden. Wir sind oft von den Medien manipuliert. Wir müssen das lesen und hören, was die Medien berichten; wir beurteilen Dinge und Ereignisse vom Hörensagen.

Ungefähr so, wie wenn jemand eine Doktorarbeit über Honig schreibt, der noch nie Honig gegessen hat. Dann fehlt etwas Wesentliches.

Froh sind die Menschen, die sich frei fühlen! Wer ist aber wirklich frei? Seit 1789 gibt es bei den Franzosen das Motto: Freiheit, Gleichheit, Brüderlichkeit. Als ich ein Theologiestudent war, sagte mir ein französischer Kollege: „Unser Schlagwort Freiheit, Gleichheit, Brüderlichkeit steht nur auf dem Papier." Ich erwiderte: „In Indien haben wir eine der besten Verfassungen der Welt. Indien ist demokratisch, die Verfassung garantiert Gleichheit zwischen Mann und Frau, zwischen verschiedenen Kastenangehörigen, Religionsfreiheit, Meinungsfreiheit usw., aber in der Praxis sieht es ganz anders aus." Wo gibt es wahre Freiheit?

Ich möchte ihnen eine Geschichte aus der persischen Mystik erzählen, die ich beim deutschen Psychotherapeuten Nossrat Peseschkian (1933-2010) entdeckte. Es ist die Geschichte von einem Wanderer, der mühselig auf einer scheinbar endlos langen Straße entlang zog. Er war über und über mit Lasten behangen. Ein schwerer Sandsack hing an seinem Rücken, um seinen Körper war ein dicker Wasserschlauch geschlungen. In der rechten Hand schleppte er einen unförmigen Stein, in der linken einen Geröllbrocken. Um seinen Hals baumelte an einem ausgefransten Strick ein alter Mühlstein. Rostige Ketten, an denen er schwere Gewichte durch den staubigen Sand schleifte, wanden sich um seine Fußgelenke. Auf dem Kopf balancierte der Mann einen halbfaulen Kürbis. Bei jedem Schritt, den er machte, klirrten die Ketten. Ächzend und stöhnend bewegte er sich Schritt für Schritt vorwärts, er beklagte sein hartes Schicksal und die Müdigkeit, die ihn quälte.

Auf seinem Weg begegnete ihm in der glühenden Mittagshitze ein Bauer. Der fragte ihn: „Oh, müder Wanderer, warum belastest du dich mit diesen Felsbrocken?" „Zu dumm", antwortete der Wanderer, „aber ich hatte sie bisher noch nicht bemerkt." Darauf warf er die Brocken weit weg und fühlte sich viel leichter. Wiederum kam ihm nach einer langen Wegstrecke ein Bauer entgegen, der sich erkundigte: „Sag, müder Wanderer, warum plagst du dich mit dem halbfaulen Kürbis auf dem Kopf und schleppst an Ketten so schwere Eisengewichte hinter dir her?" Der Wanderer erwiderte: „Ich bin sehr froh, dass du mich darauf aufmerksam machst; ich habe nicht gewusst, was ich mir damit antue." Er schüttelte die Ketten ab und zerschmetterte den Kürbis im Straßengraben. Wieder fühlte er sich leichter. Doch je weiter er ging, desto mehr begann er zu leiden. Ein Bauer, der vom Feld kam, sah den Wanderer erstaunt an: „Oh, guter Mann, du trägst Sand im Rucksack, doch was du da in weiter Ferne siehst, ist mehr Sand, als du jemals tragen kannst. Und wie groß ist dein Wasserschlauch, so als wolltest du die Wüste Kawir durchwandern. Dabei fließt neben dir ein klarer Fluss, der deinen Weg noch weit begleiten wird!" „Dank dir, Bauer, jetzt merke ich, was ich mit mir herumgeschleppt habe." Mit diesen Worten riss der Wanderer den Wasserschlauch auf, dessen brackiges Wasser auf dem Weg versickerte, und füllte mit dem Sand aus dem Rucksack ein Schlagloch.

Sinnend stand er da und schaute in die untergehende Sonne. Die letzten Sonnenstrahlen schickten ihm die Erleuchtung. Er blickte an sich herab, sah den schweren Mühlstein an seinem Hals und merkte plötzlich, dass der Stein es war, der ihn so gebückt gehen ließ. Er band ihn los und warf ihn, soweit er konnte, in den Fluss hinab. Frei von seinen Lasten wanderte er durch die Abendkühle auf der Suche nach einer Herberge. Die wahre und beständige Freiheit ist die innere Freiheit. Dazu bedarf es der langjährigen, intensiven inneren Besinnung, Übung, um die inneren Kräfte aufzudecken und um auf das Wesentliche zu achten. Der Mensch ist ein freies, selbstbestimmtes, würdiges und gleichberechtigtes Wesen. Wünschen Sie, recht gut das zu sein, was wir sind!

## 13. TRÄUME

Wenn wir heute Abend zu Bett gehen, werden wir schlafen – und träumen. Der Traum ist der nächtliche Begleiter eines jeden Menschen. Träume sind Suchbilder der Seele. Hoffnungen und Visionen werden im Volksmund als Träume bezeichnet. Ja, jeder Mensch besitzt Träume, gerade so, wie jeder von uns träumt. Wirklich arm ist man erst, wenn man keine Träume mehr hat.

Jeder sehnt sich danach, glücklich, gesund, reich und erfolgreich zu sein und in Frieden zu leben. Es gibt auch Träume von Macht oder Erfolg. Viele Menschen wollen an die Spitze, und wenn sie es geschafft haben, wollen sie auch dort bleiben, selbst dann, wenn es gefährlich wird. Denken wir nur an die Träume von Spitzensportlern, wo die Devise lautet: immer schneller, höher, stärker.

Dann gibt es auch unerfüllte Träume, erfüllte Träume und Albträume – oder wie der irische Schriftsteller Oscar Wilde (1854-1900) einmal sagte:

„Die schlimmsten Träume sind die, die sich erfüllt haben!“ Wie der Traum jenes jungen Mannes, der in seiner Gier nach Reichtum unermüdlich um Besitz betete. Endlich erschien ihm Gott Shiva im Traum und sprach: „Da drüben im Dorf lebt ein Bettelmönch, der einen kostbaren Stein hat. Frage ihn nach diesem Stein, dann wirst du reich.“ Frühmorgens ging er, weckte den Mönch und bat: „Gib mir den Stein!“ „Welchen Stein?“, fragte dieser. „Gestern sagte mir Gott Shiva, dass du einen Edelstein besitzt.“ Der Mönch durchwühlte seinen Sack und zog einen kostbaren Stein heraus. „Wahrscheinlich ist es dieser. Ich habe ihn am Waldweg gefunden. Du kannst ihn gerne haben.“ Es war in der Tat ein Diamant; der größte Diamant der Welt. Überglücklich ging der Träumer nach Hause und trug den Stein immer bei sich. Doch sein Leben veränderte sich. In der Nacht wagte er kaum die Augen zu schließen. Am Arbeitsplatz, zu Hause, überall musste er angestrengt aufpassen, damit ihm der kostbare Stein nicht gestohlen würde. Die Zeit verging, er kam kaum noch zum Schlafen. Er verlor nicht nur seinen Schlaf, sondern auch den Frieden und die Gesundheit. Verzweifelt ging er zum Mönch zurück und sagte: „Bitte, nimm deinen Stein zurück. Der Reichtum hat mich ruiniert. Erkläre mir dein Geheimnis, wie man glücklich und zufrieden wird.“

So viel zu erfüllten Träumen.
Auch Gott hat einen Traum! Im Orient wird Gott als Seele der Seelen (antaryami) bezeichnet. Er ist der Schöpfer, Erhalter und Zerstörer dieses Universums. Er ist Ursprung und Ende allen Seins. Er ist Alles in Allem. Wer Gott kennt, wird selbst göttlich. Nur unsere Unwissenheit hindert uns, Ihn wirklich zu erkennen. Ein Volk, das Gott im Mittelpunkt, in der Familie oder in der Gemeinde erfährt, kann nicht nur vom Leben träumen, sondern den Traum auch leben. Der deutsche Literaturnobelpreisträger Hermann Hesse (1877-1962) sagte einmal: „Man muss seinen Traum finden, dann wird der Weg leicht.“

Gottes Traum ist es, uns zu begegnen, dass wir auf Ihn hören und Seinen Weg gehen. Gott träumt von einer menschlichen Welt, wo Menschen als Brüder und Schwestern in Liebe und Eintracht zusammen leben. Er träumt, dass wir mit Ihm leben, Sein dynamisches Wirken in unserer Mitte erleben und erlebbar machen. Gott hat für jeden von uns einen Traum, einen individuellen Lebensplan.

Und Gott spricht durch Träume zu den Menschen, zu dir und zu mir. Dies ist in der Bibel belegt. Denken wir an den Traum des Josef, einem der Söhne Jakobs (Gen 37,5-7), oder an Jakob selbst, der von der

Himmelsleiter träumte (Gen 28,12). Diese Träume darf man nicht falsch verstehen. Jedenfalls nicht so wie jener Mann, der beim Frühstück seiner Frau seinen Traum erzählt: „Wir waren noch nicht verheiratet, und ich bat dich um deine Hand." „Oh, das war aber ein schöner Traum", haucht seine Frau. „Ja", nickt er, „du sagtest nämlich Nein!" Vielmehr kann Albert Einstein als Beispiel für die richtige Deutung dieser Träume gelten, der oft fehlende Verbindungen für seine Formeln träumte und sie dann im Wachzustand mit seinen Überlegungen verknüpfte.

Als Kind erzählte Josef seinen elf Brüdern einen Traum: „Die Sonne, der Mond und elf Sterne verneigten sich tief vor mir" (Gen 37,9). Nach vielen Jahren erfüllte sich dieser Traum in Ägypten. Doch zuvor war Josef noch eingesperrt worden und wurde im Gefängnis zum Traumdeuter, denn auch Ägypter, die den wahren Gott nicht kannten (ein Mundschenk, ein Bäcker und sogar der Pharao), träumten etwas und Josef legte es ihnen korrekt aus (vgl. Gen 39-41).

Warnte Gott vielleicht auch Sie schon mal durch Träume? Gott redet zu jedem Menschen auf unterschiedliche Art und Weise. Vielleicht redete er schon zu Ihnen, aber Sie wollten es nicht wahr haben.

Von daher kommt auch der Ausspruch „Den Seinen gibt es der Herr im Schlaf", wie es im Psalm 127,2 heißt. Viele Menschen träumten von Jesus Christus. Sie fanden ihren Traum in seiner Nähe und in seinem Wort erfüllt. Ihr Leben wurde ermutigt, sinnerfüllt. Sie fanden neue Hoffnung, den Sinn des Lebens. Das Feuer, das in Jesu Herz brennt, soll in unseren Herzen brennen. Dazu brauchen wir auch eine Portion Mut und Optimismus, der den Chancen des Alltags nachspürt. So wie der heilige Johannes Don Bosco es ausdrückte: „Das Beste, was wir auf der Welt tun können, ist: Gutes tun, fröhlich sein und die Spatzen pfeifen lassen."

## 14. DER KREIS DER FREUDE

Freude ist ein Lebenselixier. Empfinden wir Freude, so sind für einen Augenblick alle seelischen Bedürfnisse erfüllt. Eigentlich auch, wenn wir anderen eine Freude bereiten.

Die Jahre lassen die Haut verrunzeln, wo aber die Freude erlischt, da verrunzelt die Seele.

Einmal nahm ein Bauer die ersten und besten Früchte seines Gartens und schenkte sie dem Prior eines Klosters. Der Obere betrachtete die Früchte und fand sie schön und köstlich. Er dachte: „Ich will mit dieser Köstlichkeit unserem kranken Bruder im Kloster eine Freude bereiten." Und er schenkte ihm die Früchte. Der Bruder freute sich und dachte: „Der Mitbruder, der sich immer um die Kranken kümmert, dem will ich eine Freude machen." Und er schenkte sie ihm weiter. Der Mitbruder dachte: „Es sind so schöne Früchte, ich will sie dem Gärtner schenken, denn er arbeitet den ganzen Tag." Der Gärtner bekam die Früchte und freute sich sehr. Bevor er in einen Apfel biss, dachte er: „Ach, unser Prior hat so viel Arbeit und Verantwortung, ich will ihm eine Freude bereiten." Und er schenkte ihm die Früchte. Der Klostervorsteher konnte kaum glauben, dass die Früchte nun wieder zu ihm zurückgekommen waren. Obschon keiner der Beschenkten die Früchte gegessen hatte, empfand jeder eine doppelte Freude: beim Erhalten und beim Weiterschenken. Es ist nicht die Größe unserer Gabe, sondern die Größe unseres Herzens, die uns groß macht, verwandelt. Man gibt mit der Hand, aber man schenkt mit dem Herzen!

Es gibt eine Theologie des Herzens. Mit dem Kommen Gottes in die Welt durch Jesus Christus hat uns Gott sein Herz geschenkt. Darin liegt unsere in die Zukunft gewandte Hoffnung. Wo es Herzlichkeit gibt, da gibt es auch Freude.

Der heilige Franz von Assisi (1181/82-1226) sagte: „Gott ist Freude, darum hat er die Sonne vor sein Haus gestellt."
Auch in der Bibel begegnen wir immer wieder der Aufforderung, uns zu freuen. Selbst der „strenge" Paulus schrieb in seinem Brief an die Philipper: „Freut Euch im Herrn zu jeder Zeit! Noch einmal sage ich: Freut Euch!" (Phil 4,4). Paulus fordert die erste christliche Gemeinde auf europäischem Boden, die Christen von Philippi in Ostmazedonien zur Freude auf. Er wusste, fröhliche Menschen sind normalerweise auch gute Menschen. Sie stecken mit ihrer Freude am Leben andere an.

Selbstverständlich hält das Leben nicht nur Freude für uns bereit. Gerade der November, wo die Tage dunkler und kürzer werden, macht es uns nicht immer leicht, das Leben unbeschwert zu genießen. Genauso wenig wie das Elend der großen Welt und die Kümmernisse und Krisen in unserer nächsten Umgebung. Es ist schwierig, sich am Leben zu erfreuen, wenn der Arbeitsplatz bedroht ist, der Alltagsstress uns erschöpft oder Angehörige krank und leidend sind.

Erfolg misst sich nicht an dem, was du hast, sondern an dem, was du bist. Gerade in schwierigen Situationen sollten wir uns die Fähigkeit erhalten, trotz allem Negativen das Positive nicht aus den Augen zu verlieren. Und Positives gibt es viel: Ein Abend wie heute, an dem sich die Spiellust und Freude der Musiker auf die Zuhörer überträgt und eine gute Stimmung verbreitet; ein Sonnenstrahl, ein liebes Wort. Wer Freude empfindet, kann auch Freude weiter schenken und so eine Kettenreaktion auslösen. Freude und damit Sinn finden wir auch in unseren Aufgaben. Wer seine Arbeit liebt, erfüllt sie mit Freude.

Ein Pfarrer wurde von einem Mann gefragt, was eigentlich die Voraussetzung für sein Priesteramt gewesen sei. Der Geistliche antwortete: „Eigentlich nichts Außergewöhnliches. Ordentlich glauben und versuchen, danach zu leben." „Oh", sagte der Mann, ,,dann kann ja jeder Esel Pfarrer werden." „Nein", sagte der Priester, „so ist es denn auch wieder nicht, sonst könnten Sie ja mein Berufskollege sein!" Freude ist der Bote Gottes. Sie verleiht unserem Leben Flügel. Echte Freude steckt an, macht das Leben lebenswert. Aber eigentlich ist die Kunst dabei, nicht dem Großen und Unerreichbaren nachzujagen, sondern die kleinen Freuden zu entdecken und sie in unseren Alltag zu integrieren.

## 15. WER IST EIGENTLICH GOTT?

Sie alle kennen das Lied ,,O du fröhliche, o du selige, gnadenbringende Weihnachtszeit". Leider werden die Worte oft als ,,O du fröhliche Einkaufszeit!" übersetzt und falsch verstanden. Auch wenn die Menschen den Sinn von Weihnachten verdinglichen, bleibt der Inhalt von Weihnachten immer bestehen.

Weihnachten erinnert uns daran, dass Gott ein Herz für die Menschen hat; das Herz ist der letzte Zielpunkt göttlichen Abstiegs. Die Menschwerdung Gottes ist die Voraussetzung für die Möglichkeit der Menschwerdung des Menschen.

Einmal ging ein Kind rund um den Weihnachtsbaum und fragte: „Jesuskind, wo bist du?" Die Antwort? Jesus ist weder rund um den Weihnachtsbaum, noch in der Krippe, vielleicht nicht einmal in der Kirche. Aber er ist im Herzen der Geringsten unserer Brüder und Schwestern. Denn jedes Geschenk, so teuer es auch sein mag, ist ohne das

Herz leer. Gott beschenkt uns mit seinem Herzen. Gott will uns seine Gegenwart, sein Herz schenken.

Gott wird Mensch in Jesus Christus. Die Botschaft, die er brachte, veränderte die Welt, so dass es sich zu leben lohnt. Seine Liebe, sein Friede, seine Wahrheit, sein Leben prägen die ganze Welt. Jeder Weg zu Gott muss auch ein Weg des Herzens sein. Damit wir die Wundertaten Gottes nicht vergessen, brauchen wir Weihnachten. Was können wir tun, um Gott zu erreichen? Genauso wenig, wie wir dazu beitragen können, dass die Sonne aufgeht. „Wozu dann all die geistlichen Übungen?“, fragte ein Schüler. „Um sicherzugehen, dass du nicht schläfst, wenn die Sonne aufgeht,“ antwortete der Meister.

Es war einmal ein Mädchen, das sehr gierig Schokolade aß. Neben ihr saß eine alte Frau die hungrig und neugierig zusah. Das Mädchen gab der Frau einen Teil der Schokolade. Sie vertilgte sie dankbar und schnell – und ging weg.

Als die Frau nach Hause kam, fragten die Leute, warum sie heute so glücklich sei. „Ja,“ gab die Frau zu Antwort, „ich bin so froh, weil ich heute mit Gott essen durfte, aber ich wusste wirklich nicht, dass Gott so jung ist.“

Das Mädchen kam auch nach Hause. Es war ebenso froh und glücklich. Auch sie wurde nach dem Grund gefragt. Ihre Antwort lautete: „Weißt du, ich durfte heute mit Gott essen.“ Dann fügte sie hinzu: „Ich dachte nie, dass Gott so alt ist!“

Haben Sie auch schon mit Gott gegessen? Gott in dir und Gott in mir – das wäre eine Entdeckungsreise wert! Wer das erlebte, kann wie Gott unter den Menschen leben. In der Weltgeschichte gab es nur einen, dem es gelungen ist. Geboren in den ärmsten Verhältnissen, wuchs er in einer einfachen Umgebung auf und verrichtete die Arbeit eines Tischlers, bis er dreißig Jahre alt war. Drei Jahre zog er als Wanderprediger übers Land. Er besaß nie ein eigenes Haus. Er besuchte auch nie eine höhere Schule; schrieb nie ein Buch. Als junger Mann musste er mit seinen Zeitgenossen debattieren, seine Freunde verließen ihn, einer von ihnen verriet ihn sogar. Wie ein Verbrecher wurde er hingerichtet und begraben im Grab eines Fremden. Dieser Mensch ist so eigenartig. Und doch: Kein anderer beeinflusste und faszinierte die Menschheit so sehr wie dieser, den wir Christus nennen. Dieser Jesus brachte eine neue Wende in die

Menschheitsgeschichte; eine zutiefst spirituelle Revolution. Er will uns verwandeln, so dass Güte und Menschenfreundlichkeit in und durch uns sichtbar werden. So will Gott mit uns die Welt verändern.

Jesus ist Mensch geworden, um den Menschen zu Gott zu erheben. Gott wird Mensch, damit der Mensch Mensch werden kann, damit du du sein kannst. Es geht hier auch um die Menschwerdung des Menschen: Das ist das große Programm unseres Lebens, eine gewaltige Herausforderung! Gott ist Mensch geworden, damit wir inmitten dieser Welt eine Chance haben, die Freiheit der Kinder Gottes genießen zu dürfen, damit wir das Leben lebenswert gestalten. In Jesus kommt der Himmel auf die Erde. Er verbindet Gott und Mensch, Himmel und Erde.

Einmal fragte ein Religionslehrer: „Wer möchte in den Himmel kommen?" Alle hoben die Hände hoch, außer einer. „Willst du nicht in den Himmel kommen?", fragte der Lehrer. „Schon, aber meine Mutter sagte mir, ich solle nach der Schule sofort nach Hause kommen." Wo aber, wenn nicht bei Gott, ist unser Zuhause?

Der deutsche Lyriker und Theologie Angelus Silesius (1624-1677) erkannte dies, als er dichtete: „Wäre Christus tausendmal in Betlehem geboren - und nicht in dir, du bliebest doch verloren."
Die Heilsgeschichte, die Gott mit uns Menschen schreibt, ist keine vollendete Tatsache, sie wird weitergeschrieben, jeden Tag, jede Weihnacht, auch mit dir und mit mir.

## 16. GEHEIMNIS DER FREUNDSCHAFT

Warum lachen und weinen Menschen zusammen, freuen sich gemeinsam und unterstützen sich im Schmerz? Warum schenken Menschen einander Zuneigung im Leiden, Versöhnung im Streit? Warum halten Menschen Werte wie Treue und Zuverlässigkeit in Ehren? Einfach, weil es Liebe gibt! Und wo es Liebe gibt, da existiert und entsteht Freundschaft.
Kein Wort wird in der Lyrik, in der Poesie und in der Alltagssprache so oft gebraucht, wie der Begriff Liebe. Liebe schlägt den Bogen von der Sentimentalität zur Spiritualität. Das christliche Verständnis ist, dass Gott die Liebe ist, mit einer sich schenkenden Hingabe. Trotz Enttäuschung und Verrat den Glauben an die Liebe nicht aufgeben, bedeutet eine große Herausforderung. Das ist das Geheimnis der Liebe, der Freundschaft.

In Taizé gibt es eine ägyptische Ikone aus dem sechsten Jahrhundert, die als „Freundschaftsikone" bekannt ist. Sie gehörte Frère Roger und steht heute in der Versöhnungskirche. Das Bild zeigt, wie Christus seinen Arm auf die Schultern seines Freundes legt, um mit ihm zu gehen. Ein wunderbares Bild, das viel über die Freundschaft aussagt.

So macht es auch Gott mit uns. Er ist der Ursprung aller Freundschaft. Gott offenbart sich in seiner unerschöpflichen Quelle der Liebe für den Menschen. Die Kirche sollte eigentlich eine Gemeinschaft von Freunden sein. Ein Ort, wo es keine Trennung gibt, wo alle an meinen Ängsten und Hoffnungen teilnehmen, wo auch ein Fest der Freundschaft gefeiert wird. Schon die Bibel bezeugt, wie sehr Jesus die Freundschaft schätzte und erlebte. Lazarus, Maria von Magdala, seine Jünger und unzählige Menschen waren seine Freunde. In der Weisheitsliteratur des Alten Testamentes steht geschrieben: „Ein treuer Freund ist wie ein festes Zelt; wer einen solchen findet, hat einen Schatz gefunden. Für einen treuen Freund gibt es keinen Preis, nichts wiegt seinen Wert auf" (Sir 6,14-15). Die heilige Teresa von Ávila (1515-1582) beschrieb ihr Verhältnis zu Gott als Freundschaft. Das Gebet ist für sie das Verweilen bei einem Freund: „Mit ihm kann ich reden wie mit einem Freund, obwohl er doch der Herr ist."

Und so ist es auch zwischen uns Menschen. Ein echter Freund ist ein Engel, der uns unterstützt und uns hilft. Einer, der uns nie im Stich lässt, der immer für uns da ist! Bemühen wir uns auch dem anderen ein guter Freund zu sein. Schreiben wir Verletzungen in den Sand und meißeln wir Liebesdienste in Stein. Solche Freunde wünsche ich uns allen!

## 17. AN GOTT GLAUBEN

Seit jeher setzen sich die Menschen mit der Frage auseinander, ob es einen Gott gibt. Dabei ist die Frage nach der Existenz Gottes nicht eine Frage der Wissenschaft, sondern eine Frage der Erkenntnis. Die Existenz Gottes kann mit dem Verstand genauso wenig erschlossen werden, wie die Existenz elektromagnetischer Strahlungen. Erst aus den Wirkungen kann man auf die Ursache schließen. Kommt jemand zu dem Schluss, dass es einen Gott gibt, kann noch lange nicht die Rede davon sein, dass er jetzt gläubig oder religiös ist.

„An Gott glauben“ bedeutet nämlich nicht nur, seine Existenz annehmen (das tun auch die Satanisten), mit Glauben ist vielmehr das „liebevolle Anvertrauen“ gemeint, und dass man für wahr hält, was Gott uns sagt. Wenn zum Beispiel ein Bruder sagt: „Ich glaube an meine Schwester“, so behauptet er nicht, dass seine Schwester existiert, sondern, dass er sie liebt und vertrauensvoll glaubt, was sie ihm sagt.

Die alles entscheidende Frage im Leben – gibt es einen Gott? – ist also nicht eine Frage der Wissenschaft, sondern des Herzens und der Erfahrung. Einmal saß Kardinal Michael Faulhaber (1869-1952) mit dem berühmten Physiker Albert Einstein (1879-1955) zu Tisch. Einstein wollte den Kardinal herausfordern und sagte: „Eminenz, was würden Sie sagen, wenn Mathematiker Ihnen einwandfrei nachweisen könnten, dass es keinen Gott gibt?“ Darauf der Kardinal: „Ach, wissen Sie, ich würde in aller Ruhe abwarten, bis sie den Rechenfehler gefunden hätten.“
In der Anerkennung der Tatsache, dass Gott existiert, sind sich die Religionen einig (mit Ausnahme des Buddhismus, der nicht davon ausgeht, dass es einen Gott gibt). In der Beschreibung dieser göttlichen Person widersprechen sich die Religionen allerdings erheblich: das Judentum und der Islam lehnen jede Menschwerdung Gottes ab, und natürlich auch die Dreifaltigkeit Gottes. Der Hinduismus geht davon aus, dass es viele Götter gibt. Es ist aber nicht gleichgültig, ob ich an einen Götterhimmel voller neidischer und konkurrierender Götter glaube oder an einen liebenden Gott, der uns Vater sein will.

Einen liebenden Gott – auch in schweren Stunden. „Im Nachhinein sieht vieles anders aus“, sagte mir einer, der eine schwere Zeit hinter sich hatte. Im Nachhinein konnte er von seinen schmerzlichen Erfahrungen viel lernen, eine tiefe Gotteserfahrung machen, das Handeln Gottes begreifen. Die schwere Zeit ermutigt uns zur Hoffnung; schwere Zeiten sind gute Lehrer. „Schreib dein Tagebuch niemals am gleichen Tag. Man braucht länger, bis man weiß, was geschehen ist“, sagte schon der amerikanische Schriftsteller Christopher Morley (1890-1957). Wir können den Spannungsbogen von Freud und Leid als Gottes Willen und Weisheit erst begreifen, wenn wir das Tagebuch nicht am gleichen Tag schreiben. Wem es aber gelingt, sein Leben im Ganzen anzusehen, der wird sich über die wunderbaren Wege Gottes freuen. Wahrhaft Gläubige empfinden auch inmitten von Problemen keinen Grund zur Resignation, sondern stehen über den Problemen, nehmen die schwierigsten Situationen als Wegweiser an.

Kommen wir wieder zurück zu unserer Ausgangsfrage nach der Existenz Gottes. Tatsächlich hat noch keiner Gott selbst gesehen. Gott ist rein geistig, er ist niemand, den man sehen oder fotografieren kann. Aber es gibt vieles, was rein geistig ist und trotzdem von uns akzeptiert wird: unser Verstand, unsere Seele, Liebe und Freundschaft. Und sagt nicht Jesus Christus, dass der Glaube Berge versetzen kann (Mt 17,20)? Gottes Wirken lässt sich nicht immer mit Logik erklären oder rational nachvollziehen.

Eine arme Frau braucht dringend zweihundert Franken. Also schreibt sie dem lieben Gott einen Brief und bittet ihn, ihr doch das dringend benötigte Geld zu schicken. Natürlich können die Postboten mit der Anschrift nichts anfangen und schicken den Brief an das Finanzamt. Ein Finanzbeamter liest den Brief und hat sofort Mitleid mit der armen Frau. Er macht eine Haussammlung, die aber nur 100 Franken einbringt. „Egal“, denkt sich der Finanzbeamte und schickt das Geld an die arme alte Frau. Diese erhält den Brief und rennt sofort in die nächste Kirche, um dem lieben Gott Dank zu sagen. Sie betet ein Vater Unser nach dem anderen. Als sie die Kirche wieder verlassen will, dreht sie sich noch einmal um und sagt: „Wenn du mir wieder mal Geld schickst, lieber Gott, dann lass es nicht über das Finanzamt laufen! Sie haben mir nämlich schon wieder die Hälfte abgezogen!“

Natürlich ist das ein Witz, aber es steckt doch etwas Wahrheit darin, etwa, dass Glaube Berge versetzen kann, oder dass der, der auf das Wort Gottes hört, sein Haus nicht auf Sand gebaut hat (Mt 7,26-27). Gott ist für uns da – in welcher Form auch immer. Wer diese Erfahrung in seinem Leben machen durfte, braucht keine wissenschaftlichen Beweise, ob Gott existiert. Er ist um uns und in uns, jeden Tag und immer. Wie sagte der andere große Physiker und Nobelpreisträger neben Einstein, Werner Heisenberg (1901-1976): „Der erste Trunk aus dem Becher der Naturwissenschaft macht atheistisch, aber auf dem Grund des Bechers wartet Gott.“

Es muss ja nicht so enden wie damals, als einmal ein junger Mann vor der Himmelstüre stand. „Tut mir leid“, sagt Petrus zu dem jungen Mann, „aber du musst schon eine gute Tat vorweisen, sonst kann ich dich hier leider nicht reinlassen.“ Nach kurzem Überlegen sagt der Mann: „Ich beobachtete, wie eine Rockerbande einer alten Dame die Handtasche wegnehmen wollte. Da ging ich hin, stieß das Motorrad des Anführers um, spuckte ihm ins Gesicht und beleidigte seine Braut.“ – „Und wann war das ungefähr?“ – „Naja, ich schätze so vor etwa drei Minuten.“

Nun, der Weg ist das Ziel, sagen die Buddhisten. Sicher ist, es lohnt sich, überlieferte Werte zu verteidigen und/oder sie mit Neuem zu verbinden. Es lohnt sich, für „Brauchtum“ und „Tradition“ einzutreten, also für Werte, die von Intellektuellen gerne dem vermeintlich ewig Gestrigen zugeordnet werden. Dabei wird vergessen, dass gerade diese Werte neue Aktualität erhalten. Je höher nämlich die Wellen der Fastfood-Kultur, der Gegenwartsanbeter und selbstverliebten Egoisten schwappen, desto stärker entwickelt sich auch die Gegenwelle derer, die diese Denkweisen hinterfragen und neue Wege in die Zukunft suchen. Sie fragen nicht nach Rezepten, sondern nach gelebten Überzeugungen, nach Menschen, die Wegweiser sind, Zeugen für Lebenshaltungen, die überzeugen und glaubwürdig sind.

## 18. WAS SIND BRÄUCHE?

,,Es muss feste Bräuche geben,“ erklärt der Fuchs dem kleinen Prinzen in Antoine de Saint-Exupèrys Buch „Der kleine Prinz“, als dieser sich beim Versuch, den Fuchs zu zähmen, unbeholfen anstellt. „Es wäre besser gewesen, du wärst zur selben Stunde wiedergekommen“, sagt der Fuchs. „Wenn du zum Beispiel um vier Uhr nachmittags kommst, kann ich um drei Uhr anfangen, glücklich zu sein. Je mehr die Zeit vergeht, umso glücklicher werde ich mich fühlen. Um vier Uhr werde ich mich schon aufregen und beunruhigen; ich werde erfahren, wie teuer das Glück ist. Wenn du aber irgendwann kommst, kann ich nie wissen, wann mein Herz da sein soll ... Es muss feste Bräuche geben.“

Und als der kleine Prinz fragt: „Was heißt ‚fester Brauch’?“, antwortet der Fuchs: „Auch etwas in Vergessenheit Geratenes ... Es ist das, was einen Tag vom anderen unterscheidet, eine Stunde von den anderen Stunden ... [sonst] wären die Tage alle gleich.“

Der Hinweis, „es muss feste Bräuche geben“, scheint vordergründig nur wegen der Schnelllebigkeit unserer Zeit notwendig zu sein. Aber es gibt noch einen wichtigeren Grund, der zutiefst mit der menschlichen Existenz verbunden ist. Wahrscheinlich ist der Mensch das einzige Geschöpf, das sich seiner Selbst bewusst ist. Wahrscheinlich weiß allein der Mensch, dass er nur „auf Zeit“ existiert, dass Geburt und Tod den Anfang und das

Ende seiner irdischen Existenz markieren. Eben deshalb kennt der Mensch auch „Zeit“, lernte sie zu messen und fragt nach dem Sinn seines Lebens. Nur der Mensch fragt: Wer? Was? Wie? Wann? Wo? – und hoffentlich auch – Warum und wozu?

Die wichtigste Frage des Menschen lautet „Warum?“ Das „Warum“ erforscht komplexe Zusammenhänge und Gründe. Dieses Geflecht von Erkenntnissen und Grundhaltungen, die menschliche Existenz tragfähig und erträglich machen, nennen wir „Sinn“. Sinndeutung menschlichen Lebens geschieht auf verschiedenen Ebenen.

Eine Deutung erfolgt durch die Gliederung des Jahres. In den biologischen Kreislauf, der sich nach dem Lauf der Gestirne richtet, integrierten die Menschen einen sich stets wiederholenden Festkreis, in dem sich das komplette christliche Erlösungsangebot wiederfindet: Geburt, Leben, Tod, Auferstehung und Himmelfahrt Christi. In diesen Jahresfestkreis ist das Kirchenjahr integriert. Werden dessen Feste, dessen Liturgie durch Riten und Brauchtum stabilisiert, so wird Brauchtum gelebt, kann Heimat werden.

Heimat, die wir immer wieder neu entdecken und schätzen, wie die folgende Anekdote zeigt: Zwei alte Männer sitzen in einem Kurort auf einer Bank. Fragt der eine den anderen: „Sagen Sie mal, ist das Klima hier oben auch wirklich gesund?“ „Das will ich meinen“, erklärt der andere. „Als ich hier ankam, konnte ich nicht gehen, ich musste getragen werden. Ich hatte kein einziges Haar auf dem Kopf und meine Haut war ganz faltig.“ „Oh“, sagte der Kurgast erfreut: „Wie ich sehe, hat sich dies alles gebessert. Und seit wann kuren Sie hier?“ – „Ja, wissen Sie, ich bin hier geboren!“

Nicht immer, aber oft ist Heimat dort, wo wir geboren sind. Die Schweizer Schriftstellerin Olga Brand (1905-1973) brachte in ihrem kurzen Gedicht „Abendwunder“ sehr schön die Stimmung zum Ausdruck, die Heimat bedeuten kann:

**Abendwunder**

Dunkler schattet es am Bergesrand,
und an seinem Sternenstabe
kommt der Abend leise in das Land.
Friede ist des Mondes Gabe

nach der Sonne heißer Mühe.
Abend wandelt uns zur Blume -
Liebe Abendblume,
blühe!

## 19. ZUFRIEDENHEIT

Wer sehnt sich nicht danach, glücklich und zufrieden zu sein? Sicher, Schattenseiten und Tiefs gehören zum Leben dazu. Aber es sind all die kleinen und großen Glücksgefühle, sowie die Fähigkeit, Zufriedenheit ganz bewusst zu erleben, was unsere „Lebensqualität" ausmacht und uns einfach gut tut. Viele Menschen sind zu Glückssuchern geworden. Ständig auf der Suche nach dem Geheimnis der Zufriedenheit, greifen sie nach Ratgeberbüchern, buchen Seminare und kaufen Produkte, die Glück versprechen. Sie laufen weit und reisen in die Ferne, immer mit dem Ziel, endlich Glück und Zufriedenheit zu finden - leider oft vergeblich.

Glücklich kann erst werden, wer Zufriedenheit erlangt hat. Vielleicht sollten wir uns mal überlegen, was man unter „zufrieden" versteht? Ein Lexikon definiert Zufriedenheit so: Erstens: innerlich ausgeglichen sein und nichts anderes verlangen, als man hat. Zweitens: mit den gegebenen Verhältnissen, Leistungen einverstanden sein und nichts auszusetzen haben.

Doch wer kann dies schon immer von sich behaupten? Einst sagten Ratgeber einem kranken König, er könne nur gesund werden, wenn er das Hemd des glücklichsten Menschen seines Reiches anziehe. Der König sandte sofort seine Boten in alle Städte und Dörfer, um den glücklichsten Menschen zu finden. Niemandem gelang es, einen solchen Menschen zu finden. Da verirrte sich ein Bote in die Einschicht eines tiefen Tales. Dort fand er einen Holzknecht, der mit Frau und sieben Kindern ganz glücklich lebte. Der Bote erzählte ihm, er sollte bitte sein Hemd dem König geben, denn dies sei der einzige Weg, damit der König genesen könne. Der Holzknecht sagte: „Ich bin wirklich sehr glücklich, ich würde dem König gerne mein Hemd schenken, aber ich habe kein Hemd!" Ja, er war auch ohne Hemd glücklich!

Zufrieden sein mit dem, was man hat, das ist die Kunst des Lebens. Zufriedenheit finden wir, wenn wir uns voll und ganz annehmen und lieben können. Diese Zufriedenheit gründet nicht auf wirtschaftlichem Erfolg. Sinnigerweise wächst die Unzufriedenheit nämlich mit dem

Wachsen des Wohlstandes. Aber natürlich wollen wir alle möglichst gut, ohne materielle Sorgen und ohne Krankheiten ganz zufrieden leben. Aber das Glück lässt sich nicht kaufen. Glück ist nämlich ein innerer Zustand. Jesus schenkte uns mit dem Satz: „Wenn ihr nicht ... wie die Kinder werdet, könnt ihr nicht in das Himmelreich kommen“ (Mt 18,3) einen wunderbaren Schlüssel zum Glücklichsein. Kinder sind einfach glücklich. Sie fühlen sich nicht durch Leistungs- und Besitzdenken eingeengt, sondern machen das Beste aus den Eigenschaften und dem Besitz, welcher ihnen gegeben ist. Auch für uns „Erwachsene“ gibt es einen kleinen Ratgeber für den Alltag:

Schenk deinem Nächsten ein Lächeln! Ein Lächeln kostet nichts und bewirkt viel. Es bereichert die, die es empfangen, ohne die ärmer zu machen, die es geben.

Mit jedem Pulsschlag wird aus dem Heute Gestern. Versuchen wir, im Hier und Jetzt zu leben und jeden Tag als neue Chance zu begreifen. Der griechische Philosoph Diogenes (ca. 399-323 v. Chr.) aß jeden Abend Linsen. Sein Freund Aristippos jedoch lebte in großem Überfluss, weil er dem König schmeichelte. Er sagte zu Diogenes: „Wenn du lerntest, dem König zu schmeicheln, bräuchtest du nicht von solchem Abfall wie Linsen zu leben.“ Diogenes antwortete: „Wenn du gelernt hättest, mit Linsen auszukommen, bräuchtest du dem König nicht zu schmeicheln.“

Das ist innere Freiheit und Zufriedenheit – und somit die Basis zum Glücklichsein. Denn seien wir ehrlich: Man kann Essen kaufen, aber keinen Appetit; Arzneimittel, aber keine Gesundheit; Wissen, aber keine Weisheit; Glanz, aber keine Schönheit; Spaß, aber keine Freude; Bekannte, aber keine Freunde; Diener, aber keine Getreuen; die Schale lässt sich kaufen, aber nicht der Kern. Axel Munthe (1857-1949), der schwedische Schriftsteller und Arzt von San Michele, sagte richtig: „Alles, was uns wirklich nützt, ist für wenig Geld zu haben. Nur das Überflüssige kostet viel.“ Ich wünsche uns allen, dass wir das Lächeln in uns entdecken und weitergeben. So kommt Zufriedenheit und damit der erste Schritt zum Glück in unseren Alltag.

## 20. WO IST DER HIMMEL?

Jeder religiöse Mensch hat das Verlangen, in den Himmel zu gelangen. Die meisten Religionen erwecken in uns den Eindruck, dass der Himmel ein geheimer Ort ist; viele identifizieren ihn mit dem Sternenhimmel. Im hebräischen und griechischen Kontext wird das Wort „Himmel“ (Firmament oder Himmelszelt) verwendet, um Gottes Herrschaft und seinen Thron zu beschreiben (vgl. Ps 2,4; Mt 13,11). Dabei verstanden die Menschen der Antike das Universum als ein dreistufiges kosmisches Gebäude: unten die Unterwelt, dann die Erde und oben der Himmel. Die Götter lebten im oberen Teil, die Menschen im mittleren und unten hausten die bösen Geister. Der Volksglaube besagt, dass die Toten weiter oben im Paradies leben.

Im christlichen Kontext ist der Himmel nicht unbedingt ein Ort, er ist vielmehr eine Erfahrung Gottes; eine Begegnung mit Gott im mystischen Sinn. Der Himmel ist weder oben noch unten, weder beschreibbar noch erklärbar, sondern einfach erfahrbar. Sprechen wir nicht manchmal von einer himmlischen Erfahrung oder einer himmlischen Musik, einer himmlischen Atmosphäre? Haben wir nicht Bilder der Engel gesehen, die die Harfe, Flöte oder andere Instrumente spielen? Ist der oft zitierte „Himmel“ vielleicht einfach der Ort, wo alle Arten von Musik und Instrumente gespielt werden?

In der philosophischen Sprache kann man vom Himmel als dem Ort der Transzendenz sprechen, das heißt, Gott lebt jenseits aller menschlichen Begrenzungen, Barrieren und Sprachen. Der Himmel wird auch metaphorisch gebraucht, um die Macht und die Herrlichkeit Gottes zum Ausdruck zu bringen. So stellt sich die Frage: „Ist der Himmel ein Ort oder ein Seinszustand?“ Himmel ist der Ort der Unsterblichkeit, das Land der Lebendigen. Die Freuden dieser Erde sind nichts verglichen mit der Freude des Himmels. Unermessliche Freude und unerklärbar: Gott, als der Allmächtige, kann überall sein. Also muss der Himmel logischerweise da sein, wo Er ist.

Für die Hindus ist der Himmel moksha, das heißt vollkommene Freiheit; frei sein von allen Bindungen. Ich erinnere mich an die Geschichte eines Sklavenmädchens. Ein Sultan war unsterblich in eine Sklavin verliebt. Er wollte sie heiraten und holte sie in den Palast. Doch schon am ersten Tag, als sie den Palast betrat, wurde sie krank. Es ging ihr schlecht und immer schlechter. Auch der beste Arzt konnte ihr nicht helfen. Der Herrscher war verzweifelt und bot sogar die Hälfte seines Reiches dem an, der sie heilen könnte. Schließlich kam ein Beduine, ein Wanderer, und bat den Sultan, ihn zu dem Mädchen zu lassen, damit er es heilen könne. Doch dafür müsse er zuerst persönlich mit der jungen Frau sprechen. Nach einem langen Gespräch kam er zurück und sagte dem Sultan, dass er eine himmlische Medizin besitze, mit der er das Mädchen heilen könnte. Aber dieses Heilmittel werde für den Sultan hart und sehr peinlich sein. Der Sultan sagte: „Gib mir diese Medizin, egal was sie kostet." Darauf sagte der Beduine: „Dieses Mädchen ist in einen eurer Diener verliebt. Erlaubt ihr, ihn zu heiraten, und dann wird sie gesund."

Sehen Sie: Der Sultan wollte ein Sklavenmädchen heiraten, in Wirklichkeit aber war der Sultan selber der Sklave des Mädchens. Seine Sehnsucht nach ihr war so groß, dass er sie nicht freigeben wollte. Wahre Liebe aber wirkt befreiend gegen sich selber und gegen die anderen.
Ist unsere Liebe auch befreiend? Oder ist die Liebe nur ein Wort? Wahre Liebe vertreibt die Angst. Da gibt es kein Verlangen, keine Ansprüche, Erwartungen oder Gegenleistungen. Es ist ein Zeichen der Reife, wenn wir selbstlos lieben können, ohne festzuklammern. Alles loslassen! Sei dies in der Liebe zwischen Lebenspartnern oder in der Liebe der Eltern zu ihren Kindern.

Der Himmel ist ein Ozean der Liebe, der Güte und der Herrlichkeit Gottes, wo es kein Leiden mehr, sondern nur Freiheit und Glückseligkeit gibt. Das himmlische Leben ist gekennzeichnet von unendlichem Frieden, Jubel, Schönheit, Güte und Liebe. Es wäre schön, wenn wir als die himmlischen Bürger die strahlende Herrlichkeit des Himmels erfahren dürften.
Was aber bedeutet „Himmel" für die heutigen Menschen? „In den Himmel kommen" kann heißen, in einem glücklichen und unvergänglichen Zustand in der Gegenwart Gottes leben (vgl. 1 Kor 15,50-54). Wenn wir von einer solchen unvergänglichen Existenz sprechen, dann geht es um einen Seinszustand. Es bedeutet auch, dass wir nach diesem Leben ein ewiges Leben haben werden (vgl. Offb 21,2-7).

Ein alter Mann stand neben einem Teich mit klarem, sauberem Wasser. Ein kleines Mädchen fragte ihn, wo Gott lebe? Der alte Mann nahm das Mädchen, hielt es über das Wasser und fragte: „Schau hinunter und sage, was du darin siehst." „Ich sehe mein Bild", sagte es. „Genau, das ist der Ort, wo Gott wohnt. Er lebt in dir".

Wo gibt es den Himmel? Dort, wo wir leben, dort, wo wir frei sind, dort wo wir wir selbst sein dürfen. Vielleicht erhaschen wir gerade im Hier und Jetzt ein Stückchen Himmel: mit Musik, mit Innehalten, mit sich und der Welt in Einklang sein. Diese Freude, dieser Frieden und diese himmlische Gelassenheit wünsche ich Ihnen jetzt und alle Tage, die kommen.

## 21. HOFFNUNG

Das Leben ist ständiges Wachstum, Veränderung, Weiterentwicklung. Es kommt immer etwas Neues, man lernt nie aus! So wie die Welt sich dreht und die Jahreszeiten wechseln, so harmonisiert sich auch unser Leben gemäß dem Gesetz der Natur unaufhaltsam auf sein Ende hin. „Alles freuet sich und hoffet, wenn der Frühling sich erneut“, schrieb der deutsche Dichter Friedrich Schiller (1759-1805).

Der Frühling, die Zeit der Hoffnung und der Freude, öffnet nicht nur Knospen, sondern auch Herzen. Frühling ist auch eine Zeit der Erwartung und der Hoffnung. Wo Hoffnung, da ist Zukunft. Hoffnung dient wie ein Lebenselixier.

Eine Statistik, die vor ein paar Jahren in Amerika erschienen ist, lautet: Ein durchschnittlicher Amerikaner verwendet in der Woche 52 Stunden zum Schlafen, 40 Stunden zum Arbeiten, 26 Stunden zum Fernsehen, 21 Stunden, um Radio zu hören, 18 Stunden zum Essen und acht Stunden, um Zeitungen und Zeitschriften zu lesen. Da bleiben nur zwei Stunden übrig – die Zeit, Beziehungen zu pflegen und zu beten!

Wie viel Zeit und Energie bringen wir auf, um uns versichern zu lassen, um der Gesundheit willen? Denken wir dabei: Wenn man Geld verliert, verliert man fast nichts, wenn man Gesundheit verliert, dann verliert man etwas, aber wenn man Hoffnung verliert, dann verliert man alles. Wie gehen Menschen oftmals mit Schmerz und Leiden um? Oft ist es so, dass wir die Umstände ändern wollen, anstatt zu versuchen, uns so zu verändern, dass wir mit den Umständen klarkommen.

Die Hoffnung erzeugt positive Einstellungen und positive innere Gefühle; sie mobilisiert nachweislich die Selbstheilungskräfte unseres Körpers, sie stärkt das Immunsystem. Negative Gefühle wie Ärger, Ablehnung und Hass erblinden die Menschen, rauben die Energie. Hoffnung ist heilend und stärkend, und das Gute daran ist: Hoffnung hat keine unerwünschten Nebenwirkungen! Also halte die Hoffnung wach.

Die Liebe ist Freude an der Schöpfung, vor allem an unseren Mitmenschen. Die Liebe ist mehr als ein Glücksgefühl. Ich kann mich an jemandem freuen. Aber die wahre Liebe ist in gewissem Sinne einseitig. Ich liebe auch, wenn der andere mich nicht liebt.

Es ist eine Kunst des Lebens, nicht nur Liebe zu sein, sondern auch Liebe zu werden, in Liebe umgewandelt zu werden. Liebe kennt keine Bedingungen, kein Ende. Liebe verdirbt niemanden, versklavt niemanden. Wahre Liebe erwartet sogar keine Gegenliebe. Liebe ist der einzige Weg zur Beseitigung des Bösen. Vor allem in hoffnungslosen, negativen Situationen kann man trotzdem hoffen und lieben. Denn aus dem Bösen kann auch etwas Gutes kommen. Frère Roger sagte: „Die Quelle der Hoffnung liegt in Gott, der nur lieben kann und uns unermüdlich sucht.“ Wenn wir unsere Hoffnung auf ihn setzen, dann gründet sich unser Leben auf unzerstörbaren Boden.

## 22. LIEBEN UND GELIEBT WERDEN

Freude und Liebe sind nahe beieinander. Wer jemanden liebt, empfindet Freude am Anblick des Anderen, an seinen Worten, Gedanken und Zeichen der Zuneigung. Er begegnet jedem neuen Tag mit Freude im Herzen. Der französische Schriftsteller und Philosoph Albert Camus (1913 -1960) sagte einmal: „Nicht geliebt zu werden, ist Pech. Nicht zu lieben, ist ein Unglück.“

Liebe ist ein Wort, so farbig und schillernd, das so oft verschieden verstanden und interpretiert wird. Es erweckt in uns ein ganzes Kaleidoskop von Gefühlen. Wir sprechen von Liebe, wenn uns jemand gefällt, wenn wir ihn oder sie haben möchten. Aber Liebe ist noch unendlich viel mehr!

Liebe ist allumfassend. Ein Jugendlicher schrieb Folgendes: „Liebe – sie ist der Sonnenstrahl am frühen Morgen, der zart das Leben weckt, ist eine Wiese voller Veilchen, ein blühender Pfirsichbaum am Frühjahrstag – weit leuchtet er.“ Auch Jesus sprach von der Liebe. Er sagte: „Liebe Gott und liebe deinen Nächsten wie dich selbst!“ (vgl. Lk 10,27). Was bedeutet das?

Vielleicht muss man sich erst einmal die Frage stellen, wie man Gott begegnet. In den Armen und Unterdrückten? In meinen Mitmenschen? Oder ob ich meine persönliche Beziehung zu Gott und den Menschen auch wirklich zum Blühen bringe? So wie Franz von Sales schrieb: „Blühe dort, wo du gepflanzt bist“ (vgl. DASal 5,271). Ein nicht immer einfacher Weg, aber einer, der Erfüllung und Freude bringt. Liebe heißt also auch, sich mit dem Herzen auf Entdeckungsreise zu machen. Und wer aus der jüngeren Geschichte liebte die Menschen mehr als die selige Mutter Teresa? Sie sagte etwas Wunderschönes:

Die Leute sind unvernünftig, unlogisch und selbst bezogen, liebe sie trotzdem.
Wenn du Gutes tust, werden sie dir egoistische Motive und Hintergedanken vorwerfen, tue trotzdem Gutes.
Wenn du erfolgreich bist, gewinnst du falsche Freunde und echte Feinde, sei trotzdem erfolgreich.
Das Gute, das du tust, wird morgen vergessen sein,
tue trotzdem Gutes.
Ehrlichkeit und Offenheit machen dich verwundbar,
sei trotzdem ehrlich und offen.
Was du in jahrelanger Arbeit aufgebaut hast, kann über Nacht zerstört werden, baue trotzdem.
Deine Hilfe wird wirklich gebraucht, aber die Leute greifen dich vielleicht an, wenn du ihnen hilfst.
Hilf ihnen trotzdem.
Gib der Welt dein Bestes, und sie schlagen dir die Zähne aus, gib der Welt trotzdem dein Bestes.

Es sind nicht die Ideen, die die Welt verändern, sondern die sinn- und liebevolle Umsetzung dieser Ideen in Taten ändern den Menschen und die Welt. Wir können die Welt und mit ihr die Menschen nicht über Nacht zum Guten verändern. Aber wir können, getreu der Maxime von Mutter Teresa, jeden Tag mit einem Lächeln, einer guten Tat einem oder mehreren Menschen helfen. Und indem wir Freude verbreiten, Liebe und Freude verschenken, können wir die Welt ein kleines bisschen zum Besseren verändern. Und das Schönste daran: Dabei wird auch unser eigenes Herz mit Freude und Liebe erfüllt und uns Sinn und Erfüllung geschenkt. All das können wir wiederum mit unseren Nächsten teilen und somit eine ganze Bewegungsspirale ankurbeln – welche Freude!
Da fällt mir spontan die Anekdote von jenem Bauern ein, der eine Heiratsanzeige aufgegeben hatte: „Suche Frau mit Traktor – Bitte Bild vom Traktor beifügen.“

Egal, ob Sie daheim sind oder in der Fremde – freuen Sie sich an jedem neuen Tag und schenken Sie diese Freude weiter.

## 23. MUSIK WIE DIE LIEBE

Im 8. Jahrhundert lebte eine bekannte islamische Mystikerin namens Rabia von Basra. Sie besaß außerordentliche Erkenntnisse und Begabungen. Man sah Rabia in den Straßen von Basra mit einem Eimer Wasser in der einen Hand und einer Fackel in der anderen Hand. Auf die Frage „Was willst du tun?" antwortete sie: „Ich will Wasser in die Hölle gießen und Feuer ans Paradies legen, damit diese beiden Schleier verschwinden und niemand mehr Gott aus Furcht vor der Hölle oder in Hoffnung auf das Paradies anbete, sondern nur noch um seiner ewigen Schönheit willen."

Rabia war als eine heilige Frau hoch geschätzt und wurde einmal gefragt: „Liebst du Gott?" Sie antwortete: „Ja." – „Hasst Du den Teufel?" Sie antwortete: „Nein. Meine Liebe zu Gott lässt mir keine Zeit, den Teufel zu hassen."

Unsere Liebe ist oft einseitig. Wir erwidern gerne unsere Liebe, denen die uns lieben, sprechen von Liebe, wenn uns etwas oder jemand gefällt, wenn wir es oder sie haben möchten. Damit beginnt das große Problem: Angst! Angst, das Geliebte verlieren zu können oder es gar nicht erst zu bekommen. So ist eine besitzergreifende Liebe immer mit Angst und Schrecken verbunden. Liebe ist ein Wort, so farbig und schillernd, das tausendfach verstanden und interpretiert wird. Es erweckt in uns eine Mischung von Gefühlen.

Der Mensch ist ein unergründliches Geheimnis. Wer kann ihn gänzlich begreifen? Ich sage aber: Lange lebe dieses Geheimnis! Dieses Geheimnis stellt sich zur Aufgabe, ihn zu verstehen, neue Entdeckungen zu machen. Das macht das Leben natürlich nicht einfach, aber abenteuerlich und abwechslungsreich. „Liebe heißt, sich mit dem Herzen auf Entdeckungsreise machen", sagte der selige Papst Johannes Paul II. (1920-2005) ein paar Tage vor seinem Tod! Wenn wir das tun, tun wir es nach dem Maßstab der Liebe, genau wie Franz von Sales schrieb: „Alles aus Liebe tun und nichts aus Zwang!" (DASal 5,58).

Ich erinnere mich an eine chinesische Geschichte: Einmal befahl der Kaiser dem Hofmaler, sein Lieblingspferd zu malen. Der Maler beginnt seine Arbeit. Nach einem Jahr fragt der Kaiser nach dem Bild, aber der Maler sagt, es ist noch nicht fertig, habe Geduld Majestät! Nach zehn Jahren kommt der Kaiser selber in die Werkstatt. Das Bild ist noch nicht da, nur eine leere Staffelei. Nun nimmt der Künstler den Pinsel in die Hand und malt das Bild in ein paar Sekunden. Die zerrissenen Entwürfe der letzten Jahre liegen am Boden verstreut. So einfach ist die Kunst, aber so einfach ist sie auch nicht.

## 24. DAS AMEN DES UNIVERSUMS

Alle verbindet die Liebe. Denn die Liebe zu Gott und den Menschen ist ja eine der zentralen Botschaften des Auferstandenen. „Die Liebe ist der Endzweck der Weltgeschichte - das Amen des Universums", schrieb der deutsche Schriftsteller Novalis (1772-1801).

Die Liebe ist eine innere Glut, die uns wärmt und am Leben hält.
Der fiktive Dialog eines Zwillingspärchens vereint alle diese Aspekte von der nährenden und sorgenden Mutter, aber auch das Mystische der Verbindung vom Jetzt und vom Danach - und dies in erfrischend humorvoller Weise!

Eine „andere" Perspektive - Das Zwillingsgespräch

Ein ungeborenes Zwillingspärchen unterhält sich im Bauch der Mutter.
„Sag mal, glaubst du eigentlich an ein Leben nach der Geburt?", fragt der eine Zwilling.
„Ja, auf jeden Fall! Hier drinnen wachsen wir und werden stark für das, was draußen kommen wird", antwortet der andere Zwilling.
„Ich glaub, das ist Blödsinn!", sagt der erste. „Es kann kein Leben nach der Geburt geben - wie sollte das denn bitte schön aussehen?
„So ganz genau weiß ich das auch nicht. Aber es wird sicher viel heller sein als hier. Und vielleicht werden wir herumlaufen und mit dem Mund essen."
„So einen Unsinn habe ich ja noch nie gehört! Mit dem Mund essen, was für eine verrückte Idee. Es gibt doch die Nabelschnur, die uns ernährt. Und wie willst du herumlaufen? Dafür ist die Nabelschnur viel zu kurz."
„Doch, es geht bestimmt. Es wird eben alles nur ein bisschen anders."
„Du spinnst! Es ist noch nie einer zurückgekommen nach der Geburt. Mit der Geburt ist das Leben zu Ende. Punktum."

„Ich gebe ja zu, dass keiner weiß, wie das Leben nach der Geburt aussehen wird. Aber ich weiß, dass wir dann unsere Mutter sehen werden, und sie wird für uns sorgen."
„Mutter? Du glaubst doch wohl nicht an eine Mutter? Wo ist sie denn, bitte?"
„Na hier! Überall um uns herum. Wir sind und leben in ihr und durch sie. Ohne sie könnten wir gar nicht sein!"
„Quatsch! Von einer Mutter habe ich noch nie etwas bemerkt, also gibt es sie auch nicht."
„Doch, manchmal, wenn wir ganz still sind, kannst du sie singen hören. Oder spüren, wenn sie unsere Welt streichelt."

## 25. MARIENTAG - MUTTERTAG

Was war das erste Wort, welches Sie als Kleinkind gesprochen haben? Wahrscheinlich sagten Sie als erstes: „Mama". Ein Name für die Mutter, für unsere erste Bezugsperson. Sie schenkte uns das Leben, ist etwas Besonderes.

Das Besondere unterteilt auch den Ablauf des Jahres. Wir alle kennen die verschiedenen Tage, die aus dem Alltag ragen und im Leben wichtig sind: Jahrestage, Geburtstage, Feiertage, Marientage und eben auch der Muttertag. Schön ist, dass der Muttertag immer im Mai, im Marienmonat gefeiert wird. Das heißt, Marientage und Muttertag harmonisieren.
Der Muttertag umschließt alle Frauen und Männer, die sich fürsorglich um andere Menschen kümmern. Eine Frau muss nicht selber ein Kind geboren haben, um Mutter zu sein. Davon zeugen Adoptivmütter, Pflegemütter und Tagesmütter. Denken wir, für wie viele Menschen die selige Mutter Teresa liebende Mutter war.

Mutter wird man durch das Handeln und mit dem Herzen. Letztlich ist der Muttertag der Tag aller mütterlichen Menschen ... wir alle gehören dazu! Doch die menschliche Natur ist vielfältig. Denn es gibt auch Mütter, die eigentlich keine Gefühle für ihre Kinder haben und sie großziehen, weil es von ihnen erwartet wird und weil „es sich so gehört". Solche Kinder erwartet eine kalte, unglückliche Kindheit, falls sich kein anderer Mensch für sie verantwortlich fühlt. Da stellt sich die Frage, ob es nur die Aufgabe der Mütter ist, Kinder großzuziehen? Eigentlich müssen sich alle verantwortlich fühlen, damit die Kinder eine schöne Kindheit haben, die für das Heute der Kinder und für ihr ganzes weiteres Leben so wichtig ist.

Und darüber sollte am Muttertag am meisten nachgedacht werden: über die Verantwortlichkeit Kindern gegenüber. Deswegen: Schenkt den Müttern und den Stiefmüttern und den Tanten und den alleinerziehenden Vätern, den Großmüttern und Großvätern, die sich mitverantwortlich für die Erziehung der Kinder fühlen und fühlten, ein Danke! Sie haben es verdient!

Natürlich steht da auch Maria als einzigartige Erscheinung, ja als Prototyp aller Mütter. Eine Frau, die alle Freuden, Leiden und Nöte einer Mutter erlebte und uns mit ihrem Beispiel inspiriert. Ihr Gottvertrauen und ihre Hingabe an Gottes Willen – in guten und schlechten Zeiten – verleiht uns Mut und Kraft.

„Hätten unsere Augen keine Tränen, dann hätte unsere Seele keinen Regenbogen", heißt ein indianisches Sprichwort. Unser Leben wäre reicher, farbiger und schöner, wenn wir als dankbare und hoffnungstragende Menschen leben würden. Hoffnung verleiht uns den Sinn des Lebens. Auch wenn etwas schief geht.

Maria lebte im Lichte Gottes und hielt immer die Hoffnung wach. Daran muss ich immer denken, wenn wir das Lied „Du kannst nicht tiefer fallen" des evangelischen Pfarrers Arno Pötzsch (1900-1956) anstimmen:

„Du kannst nicht tiefer fallen als nur in Gottes Hand,
die er zum Heil uns allen barmherzig ausgespannt.
Es münden alle Pfade durch Schicksal, Schuld und Tod
doch ein in Gottes Gnade trotz aller unserer Not.
Wir sind von Gott umgeben auch hier in Raum und Zeit
und werden in ihm leben und sein in Ewigkeit."

So wie Gott als „Vater und Mutter" für uns da ist, so sind Mütter und mütterliche Menschen für die anderen da. Darum wollen wir an Tagen wie dem Muttertag – und ich hoffe, nicht nur dann – allen uns fürsorglich zugewandten Menschen unsere Dankbarkeit zeigen. Denn die Dankbarkeit ist das Gedächtnis des Herzens. Der dankbare Mensch nimmt gerne nicht nur etwas an, sondern er weiß es auch zu schätzen. Er ist zufrieden. Zufriedenheit ist ein Schlüsselwort für das ganze Leben.

Was wünscht man sich für die Kinder? Erfolg? Reichtum? Schönheit? Sind nicht Gesundheit und eben Zufriedenheit das Wichtigste überhaupt?

So wie es der Bauer erkannte, der auf ein Feld unbebauten Ackerlandes neben seinem Haus eine Tafel stellte: „Dieses Land soll dem gehören, der zufrieden ist mit dem, was er hat." Auch ein sehr reicher Mann las diese seltsame Inschrift und sagte sich: „Da dieses Stück Land umsonst zu haben ist, will ich es mir sichern, bevor es jemand anderer tut." So ging er sofort ins Haus und meldete seinen Wunsch an. „Ihr wisst, dass ich dieses Land nur jenem gebe, der wirklich zufrieden ist mit dem, was er hat", erklärte der Bauer. „Ich bin zufrieden", erwiderte der andere, „denn ich bin, wie Ihr wisst, reich und habe alles, was ich brauche." „Mein Freund, wenn Ihr wirklich zufrieden seid und alles Notwendige habt, wozu wollt ihr dann dieses Stück Land?" Nachdenklich ging der Reiche davon.

Ähnlich geht es auch den Müttern: Geht es ihren Kindern gut, sind sie zufrieden und glücklich, sie brauchen nicht mehr. Mutterliebe ist die selbstloseste Liebe, welche die Menschen kennen. Vielleicht verkörpern Mütter gerade in unserer von Leistung und Tempo geprägten Welt so „altmodische" Gefühle wie Sanftmut, Geduld, Nachsicht. Damit schließt sich der Kreis wieder zu Maria und den Marienliedern: Marias Beispiel gibt uns Kraft, Hoffnung und Zuversicht zu leben und zu lieben, eingebettet in die Liebe Gottes, unseres Vaters und unserer Mutter. Wenn wir Maria ehren, ehren wir alle Mütter und die Mutterschaft. So ist der Muttertag auch ihr Festtag.

Und mit dem „Gebet" des deutschen Lyrikers Eduard Mörike (1804-1875) will ich Ihnen etwas sehr Berührendes mit auf den Weg geben und den einfachen Glauben zum Leuchten bringen:

Herr! schicke, was du willst,
ein Liebes oder Leides;
ich bin vergnügt, dass beides
aus deinen Händen quillt.

Wollest mit Freude und wollest mit Leiden
mich nicht überschütten!
Doch in der Mitten
liegt holdes Bescheiden.

Es muss uns ja nicht gleich so wie diesen beiden ergehen: Einer klagt dem anderen: „Ich schlafe abends sehr schlecht ein." – „Kenne ich. Ich zähle dann immer bis drei." – „Ach, und das hilft?" – „Na ja, manchmal zähle ich auch bis halb vier."

## 26. FREUNDSCHAFT

Gerade heute haben Freundschaften im Strukturwandel der letzten Jahre eine vielleicht noch tiefere Bedeutung gewonnen: Großfamilien sind selten geworden. Der einzelne Mensch wird vermehrt aus der Geschlossenheit sozialer Horizonte und Gruppen gerissen und mit neuen Lebensformen und Daseinsmöglichkeiten konfrontiert. Diese müssen im Privaten und im Beruf bewältigt werden, denn sie werden nicht nur als Glück, sondern manchmal auch als Bedrohung empfunden.

Freunde sind da eine Konstante. Gemeinsam kann man reflektieren, sich trösten, ermutigen oder sich zusammen freuen.
Der amerikanische Philosoph Ralph Emerson (1803-1882) sagte: „Ein Freund ist ein Mensch, vor dem man laut denken kann." Der deutsche Journalist Kurt Tucholsky (1890-1935) meinte einmal: „Freundschaft, das ist wie Heimat."

Die meisten von uns haben eine engste Freundin oder einen engsten Freund. Der größte Freund in unserem Leben aber ist Gott. Ihn zu erfahren – also die Gotteserfahrung – ist eine der größten Sehnsüchte von uns Menschen. Die Gotteserfahrung verleiht unserem Leben Sinn und Ziel. Vielleicht empfinden einige diese Aussage als Blasphemie. Sie mögen einwenden, dass es einen fundamentalen Unterschied zwischen menschlichen Freundschaften untereinander und der Beziehung zwischen Mensch und Gott gebe. Doch erfahren wir nicht gerade in der Bibel, dass Jesus die Beziehung zwischen sich und seinen Aposteln als die von Freunden sah: „Das ist mein Gebot: Liebt einander, so wie ich euch geliebt habe. Es gibt keine größere Liebe, als wenn einer sein Leben für seine Freunde hingibt. Ihr seid meine Freunde, wenn ihr tut, was ich euch auftrage. Ich nenne euch nicht mehr Knechte; denn der Knecht weiß nicht, was sein Herr tut. Vielmehr habe ich euch Freunde genannt; denn ich habe euch alles mitgeteilt, was ich von meinem Vater gehört habe" (Joh 15,12-14).

Freundschaft will allerdings auch gepflegt sein. Ein kleiner Junge hatte keine Freunde und Kameraden, weil er unbeherrscht und streitsüchtig war. Eines Tages gab ihm sein Vater einen Sack voller Nägel und sagte, bei jedem Mal, wo er die Geduld und Kontrolle über sich verlöre, solle er einen Nagel in den Gartenzaun schlagen. Am ersten Tag hämmerte er siebenunddreißig Nägel in den Zaun. Doch mit der Zeit lernte er sich zu beherrschen. Als er eines Tages keinen Nagel mehr einschlagen musste, meldete er dies seinem Vater. Der meinte: „Jeden Tag, wo du dich beherrschst, kannst du einen Nagel aus dem Zaun ziehen." Als alle Nägel draußen waren, ging der Junge wieder zu seinem Vater. Dieser stand mit ihm vor dem Zaun und sagte: „Du warst jetzt viele Tage beherrscht und freundlich. Aber siehst du, wie viele Löcher im Zaun geblieben sind?" Jeder Streit und jede Verletzung hinterlässt ein solches Loch. Auch wenn du dich entschuldigst, die Wunde bleibt.

Freunde – und solche Väter – sind ein Juwel. Mögen uns solche Juwelen durchs Leben begleiten. Die einzige Möglichkeit, wie man Freunde haben kann, ist, selbst einer zu sein. Das können wir von Gott lernen. Er macht es genauso. Umgekehrt: Jemand, der glaubt, keine Freunde zu haben, muss sich fragen: Bin ich selber ein Freund? Auch in Bezug auf Gott.

Einmal kam ein viel beschäftigter Mann zum heiligen Franz von Sales und bat ihn um Rat. Franz antwortete: „Sie brauchen jeden Tag eine Stunde zum Beten!" „Ich bin ein sehr beschäftigter Mann. Ich habe nicht so viel Zeit." Franz antwortete ihm: „Wenn Sie keine Zeit haben, dann müssen Sie jeden Tag zwei Stunden beten."

Gott jedoch ist so gnädig, dass er auch jenen seine Liebe spüren lässt, die gar nicht an ihn glauben. Von ihm können wir lernen. Wenn ich meinen Bruder, meine Schwester verachte, kann ich nicht behaupten, dass ich Gott liebe. Denn die praktische Gottesliebe ist in der Liebe zu den Mitmenschen ersichtlich. So ist die Liebe mehr als ein Gefühl. Liebe ist eine innere persönliche Einstellung und konkrete Entscheidung. Nur die Liebe kann eine lieblose Welt besiegen.

Lassen Sie mich zum Schluss eine wahre Geschichte über Freundschaft, Liebe zum Mitmenschen und die Vorsehung Gottes erzählen:
Der arme schottische Bauer Fleming ging auf die Weide, um zu arbeiten. Plötzlich hörte er aus dem nahen See einen Hilferuf. Sofort ließ er das Werkzeug fallen, eilte zum See und rettete einen jungen Burschen vor dem Ertrinken. Am anderen Tag hielt eine vornehme Kutsche vor dem einfachen Bauernhaus und ein adeliger Herr stieg aus. „Sind Sie der Mann, der meinem Sohn das Leben gerettet hat", fragte er. „Ja", antwortete Fleming. „Ich möchte es gut machen", sagte der Fremde.

„Schon gut“, meinte Fleming, „das ist doch normale Christenpflicht. Dafür nehme ich kein Geld.“ Da kam gerade ein Knabe aus dem Haus. „Ist das Ihr Sohn?“ „Ja!“ Dann erlauben Sie mir, ihm die gleiche Erziehung angedeihen zu lassen, wie meinem geretteten Sohn. Wenn er seinem Vater nur ein wenig gleicht, werden wir sicher stolz auf ihn sein.“ Der junge Mann besuchte die besten Schulen und schloss sein Medizinstudium ab. Später wurde er berühmt als Entdecker des Penicillin – es war Alexander Fleming (1881-1955). Viele, viele Jahre später erkrankte der Sohn des einst geretteten Adeligen an einer Lungenentzündung. Und was rettete ihn? Penicillin!

Ich wünsche Ihnen allen – in gesunden und kranken Tagen, im Glück und im Leid – gute Freunde – und vor allem: Den Segen unseres besten Freundes, die Erfahrung des gütigen Gottes.

## 27. LEBENSELIXIER

Freude ist ein Lebenselixier. Empfinden wir Freude, so sind für einen Augenblick alle seelischen Bedürfnisse erfüllt. Eigentlich auch, wenn wir anderen eine Freude bereiten. Wann und warum ein Mensch sein Leben als gelungen, sinn- und freudeerfüllt empfindet, lässt sich nicht generell sagen.

Wie würden Sie auf die Frage antworten, was das Leben lebenswert macht? Fische ertrinken nicht im Wasser. Der Maulwurf erstickt nicht unter der Erde. Die Vögel in der Luft fallen nicht vom Himmel. Es gibt Bereiche, in denen Lebewesen sich offensichtlich besonders wohl fühlen, wo Elemente in ihrer Besonderheit eindeutiger und klarer hervortreten. Egal, wer wir sind, wo wir sind, wenn wir uns in die Liebe eingebettet fühlen, ist auch ein von Sorgen geplagtes Leben glücklich. Die Liebe ist unser Lebenselement wie das Wasser für die Fische, die Erde für den Maulwurf, die Luft für die Vögel. Für die Christen ist es das Herz ihrer Spiritualität. Das oberste Gebot des Christseins ist die Liebe zu Gott und die Liebe zueinander. Obschon der amerikanische Schriftsteller Norman Mailer (1923-2007) einmal lachend sagte: „Die Nächstenliebe wäre leichter, wenn der Nächste nicht so nahe wäre.“ Nun denn, ohne Liebe wäre unser aller Leben leer. Dabei denken wir nicht immer daran, dass wahre Liebe gibt und nicht verlangt.

Es ist die Liebe, die uns zum Guten bewegt. Die Liebe ist das Maß aller Maße. Wo es Liebe gibt, da blüht Leben auf. Liebe ist das Fundament eines lebenswerten Lebens. Liebe lebt nur dann, wenn sie weitergeschenkt wird, denn die Liebe kennt keinen Egoismus. Wenn wir das Leben ernst nehmen, dann wissen wir, dass das Leben eine Chance ist, wirklich zu leben: eine Herausforderung zu meistern, im Kampf zu siegen, eine Reise zu unternehmen. Wenn es uns gelingt, das Leben liebenswert zu machen, dann haben wir schon die Kunst des Lebens erfasst.

Die Menschen haben immer versucht, das Leben zu verlängern, anstatt die Lebensqualität zu erhöhen. Lebensqualität und Liebesqualität aber gehören zusammen. Um auf meine am Anfang gestellte Frage zurückzukommen: Wie können wir das Leben lebenswert gestalten? Hier ein paar Tipps:

Ändere, was zu ändern ist, und beginne bei dir selbst. Es ist einfacher, uns selbst zu ändern als die ganze Welt. Liebe ohne Maß, denn die maßlose Liebe ist göttlich. Die Bibel sagt deutlich: Gott ist die Liebe (1 Joh 4,16). Denken wir an eine Mutter, die sich um ihr Neugeborenes kümmert, es pflegt und sich hingibt. Ihre Haltung besagt: „Du bist mir wichtig. Ich will, dass du lebst." Das Fundament dieser Haltung ist die Liebe.

Lebe hier und jetzt. Wir leben meist in einer Zukunftskultur, wir verschieben gerne: Morgen werde ich glücklich sein, morgen werde ich mehr vom Leben haben, morgen werde ich besser lernen, besser arbeiten, morgen werde ich mich um meine Familie kümmern. Wir denken und planen um den Morgen, bis wir sterben, ohne wirklich gelebt zu haben. Loslassen. Lass deine Sorgen, deine Stärke, dich selbst los und begib dich in Gottes Hand. Unser Glaube bezeugt seine Wirksamkeit in der Liebe. Franz von Sales, der im 17. Jahrhundert lebte, sagte: „Die Zeit, Gott zu suchen, ist das Leben. Die Zeit, Gott zu finden, ist der Tod. Die Zeit, Gott zu besitzen, ist die Ewigkeit." Herzen bewegen, andere Menschen berühren, ist etwas, das unserem Leben Sinn und Glück verleiht. Lassen Sie es zu, dass Sie berührt werden, schenken Sie sich und anderen diese Erfahrung und ihr Leben wird reich mit Sinn und Freude erfüllt.

Mit diesem irischen Segenswunsch wünsche ich Ihnen von Herzen eine gesegnete Zeit:

Möge Gott auf dem Weg, den du gehst, vor dir hereilen.

Das ist mein Wunsch für deine Lebensreise.
Mögest du die hellen Fußstapfen des Glücks finden
und ihnen auf dem ganzen Weg folgen.

Printed by Books on Demand GmbH, Norderstedt / Germany